Wissenschaftliches Arbeiten

Prof. Dr. Angelika Wiltinger
Prof. Dr. Kai Wiltinger

Wissenschaftliches Arbeiten

Ein Praxisleitfaden für Studierende

3. Auflage

Göttingen 2020

Bibliografische Information der Deutschen Nationalbibliothek
Die Deutsche Nationalbibliothek verzeichnet diese Publikation in der Deutschen Nationalbibliografie; detaillierte bibliographische Daten sind im Internet über http://dnb.d-nb.de abrufbar.
3. Aufl. - Göttingen: Cuvillier, 2020

Nonnenstieg 8, 37075 Göttingen
Telefon: 0551-54724-0
Telefax: 0551-54724-21
www.cuvillier.de

3. Auflage, 2020
Gedruckt auf umweltfreundlichem, säurefreiem Papier aus nachhaltiger Forstwirtschaft.

ISBN 978-3-7369-7325-1
eISBN 978-3-7369-6325-2

Vorwort der dritten Auflage

Mit diesem Lehrbuch richten wir uns an Studierende, Doktoranden und Lehrende aus allen wissenschaftlichen Fachrichtungen der Wirtschaftswissenschaften, des Wirtschaftsingenieurwesens und der Wirtschaftsinformatik, die einen grundlegenden Überblick über die Anforderungen Wissenschaftlichen Arbeitens erhalten möchten.

Das Lehrbuch ist aus Vorlesungsskripten entstanden und unterscheidet sich damit von herkömmlichen Lehrbüchern. Ziel dieses Buches ist es, den Studierenden eine effiziente Lernhilfe zu überlassen, die thematisch und grafisch ansprechend aufbereitet die wesentlichen Kernbereiche des wissenschaftlichen Arbeitens knapp und prägnant erklärt und durch zahlreiche Beispiele angereichert eine wertvolle Hilfe für die Anfertigung einer Hausarbeit, Seminararbeit, Bachelor Thesis oder Master Thesis, Dissertation oder Habilitation darstellt.

In der dritten Auflage haben wir einige grundlegende Aspekte überarbeitet. Zum einen sind dies die Einbindung von elektronischen Quellen wie E-Books oder Internetquellen sowie die Verwendung von Literaturverwaltungsprogrammen wie Citavi und Endnote. Zum anderen haben wir das vorgeschlagene Zitationssystem weitestgehend an den sich immer stärker in den Sozialwissenschaften durchsetzenden APA-Style angepasst.

Das vorliegende Buch ist durch eine starke Umsetzungsorientierung geprägt. Die Schwerpunkte orientieren sich an den Fehlerquellen der Studierenden, die wir in über 500 betreuten Abschlussarbeiten vorgefunden haben. Dabei haben wir zahlreiche Beispiele eingebunden und bei der Vermittlung des Lehrstoffes auf die Verwendung etlicher Grafiken, Schaubilder und Bilder Wert gelegt und uns eben nicht nur auf die bloße Aufzählung von Fakten fokussiert.

Einige Betreuer von wissenschaftlichen Arbeiten haben ihre eigenen, zum Teil ganz speziellen Vorstellungen zum wissenschaftlichen Arbeiten entwickelt und verlangen von ihren Studierenden und Doktoranden die Umsetzung dieser ganz explizit. Trotzdem ist die Lektüre dieses Buches auch in einem solchen Fall hilfreich, denn das von uns dargestellte Regelwerk ist so flexibel, dass viele konkrete Regelungen von Kollegen subsumiert werden können.

Mainz, im November 2020

Prof. Dr. Angelika Wiltinger   Prof. Dr. Kai Wiltinger

Inhaltsverzeichnis

1. Kapitel

Einleitung

1.1 Einleitung - Vorbemerkungen

1.1 Einleitung - Vorbemerkungen
Problemstellung

Schriftliche Studienarbeiten sind:

- Hausarbeiten,
- Praxissemesterberichte,
- Seminararbeiten,
- Bachelor oder Master Thesis.

Als zentraler Bestandteil des Studiums stellen sie eine Prüfungssituation dar, die eine Reihe von Besonderheiten aufweist und viele Studierende mit bis dahin ungekannten Problemen konfrontiert.

Schriftliches Arbeiten allgemein ist auch im späteren Berufsleben sehr wichtig und wird häufig gefordert bei:

- Bewerbungen,
- Projektanträge,
- Marketinginformationen.
- Vorstandsvorlagen,
- Angebote (Vertrieb),

Schriftliche Studienarbeiten und schriftliches Arbeiten im Unternehmen unterscheiden sich nicht grundsätzlich.

1.1 Einleitung - Vorbemerkungen
Vorgaben der Hochschulen, Fachbereiche und Dozenten

- Dieses Buch bildet ein konsistentes Rahmenwerk für die Erstellung schriftlicher Studienarbeiten in Forschung und Lehre, wobei der Schwerpunkt auf der Erstellung von Hausarbeiten, Bachelor- und Masterarbeiten liegt.
- In Prüfungsordnungen sind häufig nur einzelne Hinweise zur Gestaltung von Studienarbeiten vorgegeben, wie z. B. zur Gestaltung des Titelblattes oder ein verbindlicher Text der eidesstattlichen Erklärung.
- Allerdings haben inzwischen etliche Fachbereiche Leitfäden entwickelt, deren Verwendung teils freiwillig, teils obligatorisch ist. Beispiele sind:
  - Frankfurt University of Applied Sciences
    „VORSCHLAG ZUR FORMALEN GESTALTUNG WISSENSCHAFTLICHER ARBEITEN"
  - Hochschule Mainz – University of Applied Sciences
    „LEITFADEN ZUR ANFERTIGUNG VON HAUSARBEITEN, PRAXISBERICHTEN, BACHELOR- UND MASTERARBEITEN"

Hat der betreuende Dozent oder der Fachbereich verbindliche Richtlinien und/oder Empfehlungen erlassen, sind diese zu beachten.

1.1 Einleitung - Vorbemerkungen
Typische Probleme Studierender bei der Thesis

Rang	Kategorie	Problem
1.	Sprachstil	Schwierigkeiten mit wissenschaftlich präzisem Schreib-/Sprachstil (= zu belletristische Formulierungen).
2.	Literaturarbeit	Schwierigkeiten, formal und inhaltlich richtig mit Literatur zu arbeiten und diese sinnvoll in eigene Gedanken einzufügen.
3.	Organisation	Schwierigkeiten, das „große“ Projekt der Bachelor- oder Masterarbeit alleine bewältigen zu müssen, da bisher eher im Team gearbeitet und gelernt wurde.
4.	Formales	Schwierigkeiten mit der Rechtschreibung und hier insbesondere mangelhafte Interpunktion.
5.	Literaturarbeit	Schwierigkeiten, gute und neue Fachliteratur zu finden.
6.	Organisation	Schwierigkeiten, einen Einstieg in das Schreiben zu finden.
7.	Organisation	Probleme, durch andere Prüfungen, Neben- oder Haupttätigkeiten und Freizeitaktivitäten zu wenig Zeit zu haben.
8.	Formales/ Organisation	Kurz vor Abgabe keine Zeit für eine ordentliche Endredaktion und daher Probleme mit Konsistenz, Zitierweise und Layout.

1.2 Einleitung - Projektorganisation

1.2 Einleitung - Projektorganisation
Vorgehen bei der Projekt- und Zeitplanung

Festlegung der Zeitbudgets

- Welche Bearbeitungszeit ist durch den Lehrstuhl/Prüfungsordnung vorgegeben?
- Welche besonderen Zeiten und Ereignisse (Klausurenzeitraum) sind zu berücksichtigen?
- Welche Besprechungstermine sind durch den/die Betreuer oder Präsentationen im Unternehmen vorgesehen? Ist hier eine Vorbereitung notwendig?

Bestimmung der einzelnen Phasen der Arbeit

- Welche Tätigkeiten sind im Rahmen der Arbeit durchzuführen (Literaturrecherche, Experteninterviews, Design eines Fragebogens, statistische Auswertungen)?
- Welche Tätigkeiten könnten eventuell hinzukommen (Wiederholung von Experimenten)?

Festlegung des Projektplanes

- In welcher Reihenfolge sind die einzelnen Phasen zu ordnen?
- Welche Zeiten nehmen die einzelnen Phasen in Anspruch?
- Welche Abhängigkeiten bestehen? Gibt es kritische Pfade und Ereignisse?

Quelle: In Anlehnung an Preißner, 2012

1.2 Einleitung - Projektorganisation
Beispiel: Zeitplan einer achtwöchigen Bachelorarbeit

Phase	Schritt	Theorie	Empirie	Dauer
Vorphase	1.	Findung von Themenkreis, Betreuer, Unternehmen	Grundsätzliche Prüfung der Machbarkeit	1 – 2 Monate
Hauptphase	2.	Literaturrecherche und Erstellung einer ersten Arbeitsgliederung	Design der Empirie	2 Wochen
	3.	Schreiben der Erstfassung, weitere Literaturrecherche	Durchführung der Empirie, Auswertung der Daten sowie Interpretation der Ergebnisse	4 Wochen
	4.	Inhaltliche und formelle Überarbeitung	-	1,5 Wochen
	5.	Endkorrektur und Drucklegung	-	0,5 Wochen

1.2 Einleitung - Projektorganisation
Zeitmanagement

Aufgaben und Tätigkeiten können prinzipiell in ein Dringlichkeit-Wichtigkeit-Portfolio eingetragen werden.

	weniger wichtig	sehr wichtig
sehr dringend	▪ Rückgabe entliehener Bücher	▪ Besprechung mit Betreuer ▪ Beschaffung einer wichtigen Quelle
weniger dringend	▪ Suche nach Copy Shop ▪ Literaturrecherche zu verwandten Themen-gebieten	

Zuerst sollten die wichtigen Aufgaben, dann erst die dringlichen erledigt werden.

Quelle: in Anlehnung an Preißner, 2012

Wissenschaftliches Arbeiten

2. Kapitel
Inhaltliche Aspekte des wissenschaftlichen Arbeitens

Wissenschaftliches Arbeiten

2.1 Inhalt - Grundlagen wissenschaftlichen Arbeitens

2.1 Inhalt - Grundlagen Wissenschaftliches Arbeiten

Wissenschaftliche Studienarbeiten wie Seminararbeit, Bachelor Thesis oder Master Thesis sind - auch wenn sie wie im Fall der Bachelor Thesis häufig nur acht Wochen dauern - wissenschaftliche Arbeiten und haben den allgemeinen Regeln des wissenschaftlichen Arbeitens zu folgen.

Zielsetzung jedes wissenschaftlichen Arbeitens ist der Erkenntnisgewinn, also die Ableitung neuen Wissens.

2.1 Inhalt - Grundlagen
Wissenschaftliches Arbeiten und wissenschaftliches Schreiben

Wissenschaftliches Arbeiten beinhaltet als Kernelemente...

- die eigenständige Gedankenarbeit,
- ein zielgerichtetes und methodisch kontrolliertes Vorgehen,
- mit dem Ziel allgemeingültige Aussagen zu treffen (Objektivität, Validität, Reliabilität der Erkenntnisse).

Wissenschaftliches Schreiben beinhaltet...

- die Fundierung aller Aussagen im Text durch richtiges und vollständiges Zitieren,
- die generelle Redlichkeit, keine Arbeit anderer als die eigene auszugeben,
- die Verwendung renommierter, seriöser Quellen für die Literaturrecherche und bei allen Zitaten,
- die Erläuterung und Diskussion grundlegender Begriffe,
- einen verständlichen und präzisen Schreibstil sowie,
- den formal korrekten und konsistenten Umgang mit Quellen (Zitieren).

Quelle: in Anlehnung an Bohl, 2018

2.1 Inhalt - Grundlagen
Grundregeln des wissenschaftlichen Schreibens

- **Belegen –** Alle Aussagen müssen – wenn sie nicht völlig eigenständig entwickelt wurden – durch Verweis auf Quellen sinnvoll „untermauert" bzw. belegt werden.
- **Paraphrasieren -** Sinninhalte aus der Literatur werden mit eigenen Worten wiedergegeben und mit Quellenangaben richtig zitiert.
- **Zitieren -** Fremdes Gedankengut aus der Literatur muss immer als solches kenntlich gemacht werden.
- **Begründen -** Begründet werden die Wahl der Methode, die verwendeten Quellen bzw. empirische Daten, die Fragestellung(en) und die Schlussfolgerungen.
- **Bezüge herstellen** - Die eigene Arbeit in Bezug zum aktuellen Forschungsstand stellen, sich positionieren und kritisch diskutieren.
- **Begriffe definieren und präzisieren** - Zentrale Begriffe der Arbeit definieren und diskutieren. Klärung, in welchem Zusammenhang der Arbeit die zentralen Termini verwendet werden.
- **Systematisch vorgehen** - Struktur und Vorgehensweise folgen einer inneren Logik und werden begründet.

Quelle: in Anlehnung an Bohl, 2018 und Lehmann, 2017

2.2 Inhalt – Anforderungen

2.2 Inhalt - Anforderungen
Bachelor- und Masterarbeit als wissenschaftliche Arbeit und Prüfungsform (I)

Eine Bachelor- oder Masterarbeit ist eine schriftliche Prüfungsarbeit. Sie soll zeigen, dass die Kandidatin oder der Kandidat befähigt ist, in begrenzter Zeit ein Problem in seinen fachlichen Einzelheiten und in fachübergreifenden Zusammenhängen selbstständig nach wissenschaftlichen Methoden zu bearbeiten.

Charakteristikum	Erläuterung

Prüfungsleistung	– Der Studierende darf nicht unreflektiert niederschreiben, was er/sie sich zu einem Thema so „ausgedacht" hat.
	– Der Studierende soll „nachweisen", dass er imstande ist,
	  – eine aktive, fachlich kompetente und engagierte Rolle bei der Gestaltung einer Studienarbeit einzunehmen,
	  – eine umfangreiche Auswertung der aktuellen nationalen und internationalen Literaturquellen durchzuführen,
	  – die Fokussierung auf relevante Themenaspekte vorzunehmen,
	  – divergierende Sichtweisen aufzuzeigen,
	  – und konsequent formale Anforderungen, wie z. B. eine korrekte Zitierweise und Orthographie einzuhalten.

2.2 Inhalt - Anforderungen
Bachelor/Master Thesis als wissenschaftliche Arbeit und Prüfungsform (II)

Charakteristikum	Erläuterung
Begrenzter Bearbeitungszeitraum	– Die Bearbeitungszeit ist absichtlich knapp. – Daraus folgt, dass die vorgegebenen Termine bindenden Charakter haben und einer sorgfältigen Zeitplanung bedürfen.
Vorgegebene Themenstellung	– Das Thema einer Studienarbeit kann nur in sehr begrenztem Maß vom Studierenden beeinflusst werden. – Eigenmächtige Themenänderungen sind unzulässig.
Wissenschaftliche Erkenntnisse	– Ein eigenständiger Beitrag ist notwendig. – Die Erlangung, Verarbeitung und Dokumentation von wissenschaftlichen Erkenntnissen setzt den Willen des Studierenden voraus, sich in die relevanten Theoriezweige des betreffenden Fachgebietes einzuarbeiten.
Wissenschaftliche Methoden	– Die Verwendung von Methoden , die als zweckmäßig, relevant und empirisch bewährt gelten, ist gefordert.

2.3 Inhalt - Methodik

2.3 Inhalt - Methodik
Typologie von Studienarbeiten (I) – Theoretische und praktische Arbeiten

Typ	Bemerkungen
Rein theoretische Arbeiten	– Rein theoretische Arbeiten sind die „schwierigsten" Arbeiten. Anspruch ist, dass die Arbeit einen eigenen, erkennbaren Beitrag zur Weiterentwicklung der Betriebswirtschaftslehre leistet. Reine Literaturarbeiten erfüllen i. a. R. diesen Anspruch nicht. – Besser sind Übertragungsarbeiten, d. h. eine bekannte Theorie wird auf eine neue Branche, eine neue Funktion, eine neue Situation übertragen. – Beispiele: „Balanced Scorecard in der Bauindustrie", „Marketing Controlling im Personalmarketing".
Theoretische Arbeit angereichert mit Expertengesprächen	– Es handelt sich um theoretische Arbeiten, die durch 5 – 10 explorative Expertengesprächen zum theoretischen Thema angereichert werden. – Diese Interviews sind nur teilstrukturiert und können wegen der geringen Anzahl auch nicht mit Methoden der qualitativen Forschung ausgewertet werden.
Praxisarbeit	– Es wird ein konkretes Problem der Unternehmenspraxis bearbeitet. – Sie übertragen in der wissenschaftlichen Literatur beschriebene Vorgehensweisen, Modelle und Methoden auf eine konkrete Unternehmenssituation. – Beispiel : „Einführung einer Kostenrechnung bei Dittmann", „Entwicklung eines Social Media Strategie für Ferrero".

2.3 Inhalt - Methodik
Typologie von Studienarbeiten (II) – Empirische Arbeiten

Typ	Bemerkungen
Klassische Empirie mit Primärerhebung	– Der Studierende entwickelt auf Basis der Theorie einen gedruckten oder elektronischen Fragebogen, der von mehr als 30 - 50 Befragten (Kunden/ Mitarbeiter/Unternehmen) beantwortet wird. – Die Auswertung erfolgt mit statistischen Methoden. – Beispiele: „Das Mediennutzungsverhalten von Studierenden", „Der Markenwert von Opel", „Mitarbeitermotivation nach einer Fusion".
Qualitative Empirie mit Primärerhebung	– Es wird theoriebasiert ein strukturierter Interviewleitfaden für min. 15 – 30 Interviews entwickelt. Die Interviews werden aufgezeichnet oder protokolliert und mit Verfahren der qualitativen Forschung, wie zum Beispiel der Inhaltsanalyse, ausgewertet. – Themen entsprechen meist denen der klassischen Empirie, haben aber häufig explorativen, deskriptiven Charakter.
Sekundärforschung	– Sekundärforschung kann quantitativ und qualitativ sein. Unterschied zur Primärforschung ist, dass nicht selbständig, neue Daten durch eine Befragung erhoben , sondern bereits vorhandene Daten genutzt werden. – Dies können z. B. Daten des Statistischen Bundesamtes, Börsendaten, aber auch Geschäftsberichte oder Internet-/Social-Media-Auftritte sein. – Beispiele: „Finanzkommunikation der DAX-Unternehmen", „Social-Media-Aktivitäten in der deutschen Konsumgüterindustrie".

2.4 Inhalt - Formulierungen

2.4 Inhalt - Formulierungen
Wissenschaftliche Formulierungsgrundsätze

Nachvollziehbar (nicht: mehrdeutig, missverständlich)	Überprüfbar (nicht: willkürlich behauptet)	Prägnant (nicht: schwammig, unscharf)	Relevant (nicht: ab- oder aus-schweifend)

- Begründete Argumentation, die in einer nachvollziehbaren, schlüssigen und eindeutigen Gedankenkette Einzelaussagen zusammenführt und neue Erkenntnisse ableitet.
- Überprüfbare Aussagen durch präzise, detaillierte und überzeugende Gedankengänge auf Basis klarer Prämissen und Gedankengängen.
- Prägnante Formulierungen durch sachgerechte Verwendung der Fachterminologie und Verzicht auf unwissenschaftliche, triviale Sprachhülsen.
- Relevante Aussagen durch zweckadäquate Gedankengänge und Verzicht auf Randaspekte der Themenstellung.

2.4 Inhalt - Formulierungen
Sprachliche Grundsätze konkret: Korrektheit, Lesefreundlichkeit, Logik

Fehlende sprachliche Prägnanz ist häufig ein Zeichen dafür, dass der Verfasser das Thema auch logisch nicht durchdrungen hat und „schwimmt".

Korrektheit

Regeln der deutschen Sprache beachten:
- Orthografie (Rechtschreibung),
- Interpunktion (Zeichensetzung) und
- Grammatik.

Lesefreundlichkeit
- Keine langen Schachtelsätze, keine blumige Formulierungen,
- keine Synonyme für den gleichen Begriff, keine unnötigen Fremd- oder Füllwörter,
- keine unbekannten Abkürzungen.

Logik
- Auf Reihenfolge der Gedanken und roten Faden achten.

Kein Erzählstil sondern ein sachlicher, neutraler, nüchterner Sprachstil mit relativ kurzen, gut lesbaren und verständlichen Sätzen

2.4 Inhalt - Formulierungen
Sprachliche Grundsätze konkret: Häufige sprachliche Fehler

Folgende sprachlichen Elemente/Begriffe sollten nicht verwendet werden:

- Überflüssige Adjektive und Tautologien, z. B.: ein billiges Sonderangebot, einzig und allein, immer und ewig, nie und nimmer.
- Rückversicherungsworte, z. B. irgendwie, gewissermaßen, an und für sich, ja, nun.
- Füllwörter, z. B. absolut, in etwa, gar, wohl, ja, irgendein, quasi, vielleicht, fast, leider, ab und zu, im Prinzip, eigentlich, immens, enorm, mehr oder weniger, also, offenbar, doch, sozusagen, letztlich.
- Steigerungen, z. B. sehr, unglaublich, besonders, absolut nicht, himmelschreiend.
- Metaphern und banale Redewendungen, z. B. Bauchlandung machen, auf der Hand liegen, am Puls der Zeit, daneben gehen, bitteres Ende, Nadel im Heuhaufen, Spitze des Eisbergs, Personal anheuern, unnötigen Ballast abwerfen, auf den CRM-Zug aufspringen, gesunder Kompromiss.

- **Ganz wichtig: Verwendung der Ich-Form oder Wir-Form ist zu vermeiden!**

2.4 Inhalt - Formulierungen
Sprachliche Grundsätze konkret: Tabuwörter (I)

Vage Formulierung	Alternativen	Bemerkung/Beispiele	
ziemlich, viel, wenig bisschen, vielleicht, unter Umständen, ...	Keine – die Anforderung liegt darin, präzise Angaben zu treffen.	✗	*Ziemlich* viele Teilnehmer haben an der Studie teilgenommen.
		👍	163 Teilnehmer haben an der Befragung teilgenommen.
Dinge, Sachen, ...	Keine – die Anforderung liegt darin, präzise Angaben zu treffen.	✗	*Solche Dinge* sind nicht ausgeschlossen.
		👍	Solche Probleme/Fragen/Konsequenzen/... sind nicht ausgeschlossen.

Subjektive Wörter	Alternativen	Bemerkung/Beispiele	
wunderbar, schön, klein, groß, natürlich, logisch, selbstverständlich, ...	Für subjektive Wörter gibt es kaum oder keine passenden Alternativen. In der Regel können diese Wörter ersatzlos gestrichen werden.	✗	Die dargestellte Tabelle fasst die Kennzahlen *logisch* zusammen.
		👍	Die dargestellte Tabelle fasst die Kennzahlen zusammen.

2.4 Inhalt - Formulierungen
Sprachliche Grundsätze konkret: Tabuwörter (II)

Direkte Ansprache der Leser	Alternativen	Bemerkung/Beispiele	
Sie	Keine: Präzise Angaben treffen.	✗	Im Anhang finden *Sie* die vollständigen Befragungsergebnisse.
		👍	Die vollständigen Befragungsergebnisse befinden sich im Anhang.

Personal-pronomen	Ausnahme/Alternativen	Bemerkung/Beispiele	
Ich/Wir	Durch Passivkonstruktionen können auf die genannten Personalpronomen verzichtet werden.	✗	*Ich* behandle in dieser Arbeit ... *Ich* stelle fest, dass ...
		👍	In dieser Arbeit wird das Thema xxx behandelt. Es muss festgestellt werden, dass ... Dabei wird deutlich ...
Ich	Wenn die Betonung der eigenen Position relevant ist: Verfasser/in bzw. Autor/in	👍	Der Fragebogen für die Studie wurde vom Verfasser neu entwickelt.

2.4 Inhalt - Formulierungen
Sprachliche Grundsätze konkret: Tabuwörter (III)

Übertreibungen	Alternativen/Synonyme		Bemerkung/Beispiele
sehr, extrem, massenhaft, unglaublich, sehr stark, usw.	Keine – die Anforderung liegt darin, präzise Angaben zu treffen und diese durch Literatur zu belegen.	X	Die Studie lief über einen *extrem langen* Zeitraum.
			Die Studie lief über einen Zeitraum von *18 Monaten*.
		X	Die Informationsüberflutung der Konsumenten ist in den letzten Jahren *extrem* gestiegen.
			Eine Studie von Homburg (2018, S. 7 ff.) zeigt, dass deutsche Konsumenten eine zunehmende Informationsüberflutung wahrnehmen.

2.4 Inhalt - Formulierungen
Ungünstige Formulierungen aus konkreten Seminararbeiten

Verzichtbare und „wirre" Sätze: „Eine Analyse zeigt, dass die Unternehmen sich unterscheiden." „Natürlich ist man in gewisser Weise an den Franchisegeber gebunden, sodass man den Kooperationsvertrag aufmerksam lesen und bei Bedarf Rechtsberatung einholen sollte." „Interne Prozessabläufe sind auch hier eventualiter neu zu strukturieren." „Soziale Netzwerke sind eine Art Konstruktion, bei dem verschiedene Elemente ineinander greifen." „Soziale Netzwerke sind ein Medium für alle."

Blumiger (=unwissenschaftlicher) Sprachstil: „An der Stellschraube der Kosten drehen", „Der Beweis liegt auf der Hand." „In der Vergangenheit hat Social Media zunehmend an Bedeutung gewonnen, denn dadurch werden die geografischen Mauern zwischen den Menschen überwunden."

Verwendung von Synonymen, die so ungefähr das gleiche bedeuten, aber doch inhaltliche Unterschiede aufweisen: „Vertriebsmitarbeiter, Vertreter, Außendienstler, Vertriebsberater, Reisender, Handelsvertreter,..." oder „Angestellte, Arbeitnehmer, Mitarbeiter, Personal, ..."
-> Ein Begriff = ein Wort, konstant in der gesamten Arbeit beibehalten.

Subjekt und Prädikat „passen" nicht zusammen: „In Zeiten des digitalen Wandels entstehen ... Möglichkeiten, den **Bankalltag** verändern, wenn nicht sogar zu **ersetzen**."

Verwendung von Bezugsworten, wenn es keinen Bezug gibt: „Der Vertrieb wird immer wichtiger. *Daher* müssen die Unternehmen sich um Kostensenkungen in der Produktion kümmern."

Zudem erfolgte oftmals die Verwendung von Superlativen/Steigerungen (massiv, extrem, stark, ganz besonders), die Verwendung von Füllworten (natürlich, auch, eigentlich, in gewisser Weise, irgendwie).

2.4 Inhalt - Formulierungen
Abkürzungen

Die richtige Verwendung von Abkürzungen

- Die richtige Anzahl der Abkürzungen: Der Lesefluss darf nicht gestört werden, daher sollten nicht zu viele für den Leser unbekannte Abkürzungen verwendet werden.
- Gerade unternehmensinterne Abkürzungen, insbesondere für Abteilungen wie APB/ZK oder FRA05-Co, sind eher zu vermeiden.
- Nicht zulässig sind Abkürzungen aus Bequemlichkeit wie „BWL" oder „Info".
- Themen- oder fachspezifische Abkürzungen müssen bei der ersten Verwendung ausgeschrieben und danach in Klammern die Erklärung angefügt werden, z.B. Search Engine Optimization (SEO).

Abkürzungsverzeichnis

- Ein Abkürzungsverzeichnis ist immer notwendig, sobald auch nur eine einzige Abkürzung verwendet wird.
- Es sind alle Abkürzungen ausnahmslos aufzuführen, auch gebräuchliche Abkürzungen wie „vgl." oder „z. B.".

2.4 Inhalt - Formulierungen
Abkürzungen

Zu den gebräuchlichen Abkürzungen, die nicht vergessen werden sollten, gehören:

- Abb. = Abbildung (fig.=figure)
- Anm. = Anmerkung
- Aufl. = Auflage (ed. = edition)
- Bd. = Band (vol. = volume)
- bspw. = beispielsweise
- Diss. = Dissertation
- d. h. = das heißt (i.e.= id est)
- ebd. = ebenda
- et al . = et alii, und andere
- f. = folgende (Seite)
- ff. = fortfolgende (Seiten)
- ggfs. = gegebenenfalls
- H. = Heft
- Habil. = Habilitation
- Hrsg. = Herausgeber (ed.= editor)
- Jg. = Jahrgang
- i. a. R. = in aller Regel
- N. N. = nomen nominandum
- Nr. = Nummer
- o. J. = ohne Jahresangabe
- o. O. = ohne Erscheinungsortangabe
- o. S. = ohne Seitenangabe
- o. V. = ohne Verfasserangabe
- S. = Seite (p. = Pagina, page)
- s. = siehe
- Sp. = Spalte
- Tab. = Tabelle
- u. a. = und andere
- Verf. = Verfasser
- vgl. = vergleiche (cf. =confer)
- Vol. = Volume (Band)
- z. B. = zum Beispiel
- zit. nach = zitiert nach

2.4 Inhalt – Literaturarbeit

2.4 Inhalt - Literaturarbeit
Einführung - Warum brauche ich überhaupt gute Information?

- Die korrekte und kritische Arbeit mit der Literatur ist eine zentrale Anforderung und ein wichtiges Element jeder wissenschaftlichen Arbeit.
- Ebenso ist es wichtig, gute Quellen zu benutzen, welche die eigene Argumentation absichern und stützen.
- Auf der Website der ECONBIZ – ein Service des Leibniz Informationszentrum Wirtschaft (ZBW) – werden nützliche Tipps zum Wissenschaftlichen Arbeiten für Studierende zur Verfügung gestellt.
- Inhalte:
  - „How to-Guides“,
  - interaktives Online-Tutorial zum Lernen „Guided Walk“,
  - Video-Kurse.
- Video-Kurs: Erste Hausarbeit – Literatur finden, bewerten und zitieren: www.econbiz.de

2.4 Inhalt - Literaturarbeit
Allgemeiner Grundsatz und Fehlerquellen

Es werden alle übernommenen Aussagen und Gedankengänge als solche gekennzeichnet. Die Verwendung von vielen, möglichst unterschiedlichen Literaturquellen ist positiv.

Fehlerquellen:

- Unterzitiert ist eine Arbeit, wenn der obige, allgemeine Grundsatz nicht erfüllt ist.
- Überzitiert ist eine Arbeit:
  (1) wenn zu häufig wörtlich zitiert wird,
  (2) wenn unnötig zitiert wird,
  (3) wenn so häufig zitiert wird, dass kaum eigene Gedankengänge erkennbar sind.
- Es werden alle Verfälschungen von Inhalt und Aussage von verwendeten Quellen unterlassen.
- Es werden keine Sekundärzitate verwendet, da sonst Verfälschungen nicht ausgeschlossen werden können.
- Es wird immer mit den neuesten bzw. neuen Auflagen gearbeitet – es sei denn, dass gerade auf spezielle Aussagen der alten Auflage hingewiesen werden soll und dies kenntlich gemacht wird.
- Die Aussagen der Quellen werden inhaltlich reflektiert, verglichen und einer kritischen Bewertung unterzogen.

2.4 Inhalt - Literaturarbeit
Ziele der Literaturrecherche

Um eine fundierte wissenschaftliche Arbeit erstellen zu können, werden Kenntnisse in einem Fachgebiet benötigt. Eine eigenständige und systematische Literaturrecherche, die Auswertung der vorhandenen Literatur sowie die Gewinnung von Kenntnissen über die Thematik der Arbeit ist unerlässlich.

Ziele der Literaturrecherche:

- Fundierte Kenntnisse über das bearbeitete Themengebiet,
- Einordnung des eigenen Themas in den wissenschaftlichen Kontext,
- Beantwortung einer wissenschaftlichen Fragestellung,
- Untersuchung der Relevanz einer Forschungsfrage,
- Kennenlernen eines Forschungsgebiets, dessen Grundlagen und aktuellen Stand des Wissens,
- Identifikation relevanter Probleme und eventuell Formulierung neuer Fragestellungen,
- Kenntnis über gleiche/ähnliche zum Thema veröffentlichte Arbeiten und deren Stärken und Schwächen.

2.4 Inhalt - Literaturarbeit
Zitationswürdigkeit und Kriterien der Literaturauswahl

- **Zitationswürdig sind:**
  - **Renommierte Lehrbücher, sollten im Theorieteil der Arbeit vorherrschend sein, weiter sind zulässig**
  - **Artikel in Fachzeitschriften** oder Beiträge zu Konferenzen mit Reviewprozess
  - **Dissertationen, Habilitationen,**
  - sonstige **wissenschaftliche Monographien,**
  - **Sammelbände von renommierten Herausgebern,**
  - **renommierte Lehrbücher,**
  - **Arbeitspapiere renommierter Hochschulen.**
- **Eingeschränkt zitationswürdig sind:**
  - Beiträge in sonstigen „Praktiker"-Zeitschriften (Horizont, Der Markenartikel),
  - Tageszeitungen und Publikumszeitschriften: FAZ, Spiegel, Stern.
  - Vertrauenswürdige Internetquellen: z. B. GfK, Bundesbank, destatis, … .

Kriterien

- Reputation der Zeitschrift/des Verlags.
- Reputation des Verfassers.
- Verwendete Literatur.
- Auflage.
- Aktualität.

- **Nicht zitationswürdig sind:**
  - nicht öffentliche Quellen (viele Studienschriften, also Bachelor- oder Masterarbeiten),
  - Wikipedia o.ä. -> nur als erste Orientierung verwenden; keinesfalls geeignet für Definitionen im Theorieteil.
  - Wenig vertrauenswürdige Internetquellen: z. B. www.managementleichtgemacht.de, …

2.4 Inhalt - Literaturarbeit
Zitationswürdigkeit des „Internet"

Als Grundregel gilt: Internetquellen sind nicht ohne weiteres zitationswürdig, insbesondere problematisch sind Definitionen und andere Informationen, z. B. aus Wikipedia oder von anderen unseriösen Quellen.

Aber entscheidend ist die Einzelfallprüfung!

Durchaus zitationswürdig sind beispielsweise folgende Internetquellen …

- Deutsche Bundesbank zu Fragen der Geldpolitik,
- Internetseite des Statistischen Bundesamtes zu entsprechenden Themen,
- Finanzbericht der E.ON zu Geschäftszahlen der E.ON,
- Ministerien zu ihren Gesetzentwürfen,
- renommierte Marktforschungsinstitute wie Allensbacher zur ihren Untersuchungen,
- SAP zu seinen Produkten.

2.4 Inhalt - Literaturarbeit
Literatursuche

Schneeballsystem

Man beginnt mit einigen wenigen neueren Quellen und arbeitet sich über die dort verwendeten Quellen immer weiter.

Erste Ansatzpunkte sind

- neuere Dissertationen in verwandten Themengebieten,
- Aktuelle Lehrbücher, z. B. der „Küpper" oder der „Horváth" im Controlling, oder der „Homburg", oder der „Kotler" im Marketing,
- neue Jahrgänge von relevanten Fachzeitschriften, z. B. ZfB, ZfbF, JM, JMR, ZfO.

Systematische Suche

Suche nach Schlagworten in Katalogen und Bibliographien.

Ansatzpunkte sind insbesondere elektronische Kataloge:

- OPACs lokaler Bibliotheken,
- Deutsche Bibliothek für Bücher,
- Karlsruher virtueller Katalog, insb. für Bücher,
- JASON/JADE für deutsche Zeitschriftenbeiträge ab 1992,
- elektronische Kataloge der eigenen oder anderer Universitäten (sehr gut z. B. Goethe Uni),
- andere Kataloge, z. B. des McKinsey Quarterly oder Haufe Controlling Office.

2.4 Inhalt - Literaturarbeit
Bibliotheken und Kataloge für die Literaturrecherche

Bibliotheken

In den meisten Regionen gibt es mehr als die eigene Hochschulbibliothek, z. B. im Raum Rhein-Main:

- Uni Frankfurt, Frankfurt UAS, Frankfurt School of Finance & Management
- Uni Mainz, HS Mainz,
- TU Darmstadt, Hochschule Darmstadt,
- HS Rhein-Main (Wiesbaden).

Die deutsche Nationalbibliothek in Frankfurt verfügt als Präsenzbibliothek über alle deutschsprachigen Bücher und Zeitschriften nach 1945.

Nachteile:

- jeweils beschränkter Umfang an Büchern und Zeitschriften,
- Bücher können ausgeliehen sein oder nicht ausgeliehen werden.

Fernleihe

System, mit dessen Hilfe (fast) alle Bücher und Zeitschriftenartikel verfügbar sind.

Nachteile: Die Zustellung dauert bis zu drei Wochen bei Büchern, Gebühren von ca. € 1,50 / Bestellung.

Elektronische Volltextressourcen

Deutsch: Springer, Vahlen, Schäffer Poeschel, WISO, HWWA.

Englisch: ebsco, ABI-Inform, Nexis.

Nachteile: Wenn man keine Bibliothek findet, die die Volltextressource hat, zum Teil erhebliche Kosten der Recherche und des Downloads.

2.4 Inhalt - Literaturarbeit
Auswahl elektronischer (Volltext)-Kataloge und Statistik-Seiten

(Volltext)-Kataloge:

- Wiso
  - Deutsche BWL Volltexte aus Zeitschriften
  - http://www.wiso-net.de/index00.html
- Genios
  - Kostenpflichtiger Host z. B. auch Wiso und Tageszeitungen.
  - https://www.genios.de/dosearch/
- ABI/Inform
  - US Zeitschriften (Forschung und Praxis)
  - http://il.proquest.com/products_pq/descriptions/abi_inform_complete.shtml
- EBSCO
  - Ca. 5000 Zeitschriften (viel US, wenig deutsch), davon 4000 in Volltext
  - https://www.ebsco.com/
- Nexis
  - US-Zeitungen, z. B. Wall Street Journal
  - https://www.lexisnexis.com/en-us/products/nexis.page

Statistik-Seiten

- Statista
  - Viele populäre Statistiken zu Deutschland oder Welt von Drittanbietern, aber schwankende Qualität
  - http://de.statista.com/
- Destatis
  - Statistisches Bundesamt
  - https://www.destatis.de/DE/Startseite.html
- Eurostat
  - Statistisches Amt der EU
  - https://ec.europa.eu/eurostat/de/home
- American Bureau of Census
  - Statistisches Amt der USA
  - http://www.census.gov/#

Die genannten Kataloge sind kostenpflichtig, daher können sich die Zugriffsmöglichkeiten in jeder Hochschulbibliothek unterscheiden.

2.4 Inhalt - Literaturarbeit
Literaturverwaltungsprogramme

Es gibt eine Vielzahl von Programmen zur Literaturverwaltung und Wissensorganisation, die beim Schreiben von Studienarbeiten eingesetzt werden können. Grundbaustein ist eine Datenbank, in welche die Literatur medienunabhängig eingegeben oder importiert werden kann. Die Literaturverwaltungsprogramme erstellen daraus dann korrekte Fußnoten und Literaturverzeichnisse nach den Anforderungen des Nutzers.

Die meisten Literaturverwaltungsprogramme kennen den APA-Style als Zitationssystem.

Solche Systeme sind zum Beispiel:

- Citavi, das von Swiss Academic Software GmbH aus Wädenswil in Schweiz entwickelt wurde, ist an deutschen Hochschulen weit verbreitet. Viele Hochschulen haben eine Campus-Lizenz von Citavi, die die Nutzung durch alle Mitglieder der Hochschule umfasst. Citiavi ist bisher ausschließlich Windows basiert.
- Endnote, das von Clarivate Analytics entwickelt wurde, ist nicht so verbreitet, hat aber den Vorteil, dass es neben Windows-basierten Versionen auch iOS-basierte Versionen gibt.
- Auch in MS Word ist ein Literaturverwaltung integriert. Diese hat einen vergleichsweise geringen Funktionsumfang und erzeugt häufig auch fehlerhafte Ergebnisse. Sie sollte nur mit Vorsicht verwendet werden.

3. Kapitel
Struktur der Abschlussarbeit

3.1 Struktur - Grundstruktur

3.1 Struktur - Grundstruktur
Grobstruktur einer Bachelor- oder Masterthesis

- Einführung
  - Problemstellung: Beschreibung des Problemkreises und der Bedeutung der bearbeiteten Fragestellung,
  - Zielsetzung der Arbeit: Festlegung einer eindeutigen Fragestellung mit Detailfragen (und eventuellen Abgrenzungen),
  - Vorgehensweise: Beschreibung der Vorgehensweise, d. h. der Kapitelinhalte der Arbeit.
- Hauptteil
  - Darlegung des Stands von Forschung und Praxis relevanter (und nur relevanter) Gebiete,
  - eigener wissenschaftlicher Beitrag (z. B. neue Theorie, neue Empirie oder Anwendung im konkreten Unternehmen),
  - Ableitung von Handlungsempfehlungen für unterschiedliche Zielgruppen
  - kritische Reflexion der eigenen Arbeit.
- Schluss (oder Fazit)
  - kurze Zusammenfassung der wichtigsten Erkenntnisse,
  - Ausblick auf Zukunft, weitere Untersuchungsmöglichkeiten.
  - Wichtig: Die inhaltliche Analyse und Bewertung der Ergebnisse gehören in den Hauptteil der Arbeit!!!

3.1 Struktur - Einleitung
Klare Abgrenzung von Problemstellung, Zielsetzung, Vorgehensweise ist wichtig

Problemstellung: Beschreibung des Problemkreises und der Bedeutung der bearbeiteten Fragestellung, also Darstellung Ihrer Motivation, z.B.:
- Warum hat Sie das Thema angesprochen? Was haben Sie gelesen/beobachtet?
- Was hat sich in den letzten Jahren im Wirtschaftsgeschehen verändert?

Achtung: Problemstellung auf jeden Fall mit Quellenangaben/Zitaten formulieren; Verwendung von „ich/mir" vermeiden und durch Passivkonstruktionen ersetzen

Zielsetzung: Festlegung einer eindeutigen Fragestellung mit Detailfragen (und Abgrenzungen):
- Was konkret wollen Sie untersuchen?
- Was wollen Sie herausfinden, vergleichen, neu erheben?
- Möglicherweise Ableitung von Forschungsfragen

Vorgehensweise: Beschreibung der Vorgehensweise, d. h. der Kapitel der Arbeit:
- Wie wollen Sie konkret vorgehen, um die Zielsetzung zu untersuchen?
- Was werden Ihre Quellen sein? Planen Sie eine Literaturrecherche, eine Gegenüberstellung, eine eigene Erhebung, Expertengespräche, eine Analyse von Praxisbeispielen? Wie wollen Sie alles ausgestalten?

3.1 Struktur - Grundstruktur
Struktur einer Hausarbeit/Bachelorarbeit

Element	Paginierung	Verwendung	Bemerkung
Titelseite	nein (wird mitgezählt)	immer	Das Titelblatt muss mitgezählt werden, so dass die darauf folgende Seite mit der römischen Ziffer „II" paginiert wird.
Sperrvermerk	nein (wird mitgezählt)	nur bei Bedarf	Wird definitiv zu häufig verwendet. Haus- und Bachelor-arbeiten sind keine Veröffentlichungen, daher keine Gefahr der Weitergabe von Informationen.
Eidesstattliche Erklärung	nein (wird mitgezählt)	immer	Die Auflistung im Inhaltsverzeichnis ist nicht üblich.
Inhaltsverzeichnis	römisch, fortl.	immer	Bei Gemeinschaftsarbeiten ist hier in Klammern anzugeben, wer welche Kapitel verfasst hat
Abbildungsverzeichnis	römisch, fortl.	wenn gewünscht	
Tabellenverzeichnis	römisch, fortl.	wenn gewünscht	
Abkürzungsverzeichnis	römisch, fortl.	immer	
Textseiten	arabisch, fortl.	immer	Die erste Textseite wird mit der arabischen Ziffer „1" paginiert.
Literaturverzeichnis	römisch, fortl./ arabisch, fortl.	immer	
Anhangsverzeichnis	römisch, fortl./ arabisch, fortl.	wenn erforderlich	Kann bei wenigen Anhängen anstatt eines Verzeichnisses auch mit im Inhaltsverzeichnis aufgelistet sein.
Anhang	römisch, fortl./ arabisch, fortl.	wenn erforderlich	Die römische Paginierung der Vortext-Seiten wird hier mit römischen Ziffern fortgesetzt. Oder: Fortsetzung der arabischen Ziffern.

3.1 Struktur - Grundstruktur
Allgemeine Struktur mit weiteren Elementen (I)

Element	Paginierung		Bemerkung
Einband und Leerseite	nein	optional	nur bei gebundenen Arbeiten
Sperrvermerk	nein	optional	nur wenn unbedingt erforderlich
Titelblatt	nein (wird mitgezählt)	Immer	Das Titelblatt selbst erhält keine Seitenzahl, dennoch muss es mitgezählt werden, so dass die darauf folgende Seite mit der römischen Ziffer „II" paginiert wird.
Bibliographische Angaben	römisch, fortl.	optional	nur bei Büchern etc., Rückseite des Titelblattes
Eidesstattliche Erklärung	römisch, fortl.	wenn gefordert	HS Mainz an dieser Stelle (kann auch am Ende stehen)
Widmung oder Zitat	römisch, fortl.	optional	nur bei Büchern, Dissertationen o.ä.
Executive Summary	römisch, fortl.	optional	bei Studienschriften ungern gesehen
Geleitwort	römisch, fortl.	optional	nur bei Dissertationen o.ä. üblich
Vorwort	römisch, fortl.	optional	nur bei Dissertationen und Monographien üblich
Inhaltsverzeichnis	römisch, fortl.	immer	Enthält auch die römisch nummerierten Teile
Abbildungsverzeichnis	römisch, fortl.	optional	ist meist gefordert, geringer Nutzwert
Tabellenverzeichnis	römisch, fortl.	optional	ist meist gefordert, geringer Nutzwert

3.1 Struktur - Grundstruktur
Allgemeine Struktur mit weiteren Elementen (II)

Element	Paginierung		Bemerkung
Abkürzungsverzeichnis	römisch, fortl.	optional	ist meist gefordert und sinnvoll
Symbolverzeichnis	römisch, fortl.	optional	selten gefordert
Text der Arbeit	arabisch, neu	immer	Paginierung beginnt mit 1
Literaturverzeichnis	arabisch o. römisch, fortl.	immer	Trennung von klassischen Print-Quellen und Internetquellen
Quellen-/Rechts-sprechungsverzeichnis	arabisch o. römisch, fortl.	optional	
Namensverzeichnis	arabisch o. römisch, fortl.	optional	Verzeichnis der Namen von natürlichen Personen und/oder Unternehmen
Register	arabisch o. römisch, fortl.	optional	
Anhangsverzeichnis	arabisch o. römisch, fortl.	optional	Trennung zwischen gedrucktem Anhang und elektronischem Anhang (auf CD/DVD)
Anhänge	arabisch o. römisch, fortl.	optional	
Eidesstattliche Erklärung	nein	wenn gefordert	Frankfurt UAS an dieser Stelle
Wörterzählung	nein	wenn gefordert	HS Mainz: verpflichtend
Leerseite und Einband	nein	optional	nur bei gebundenen Arbeiten

3.2 Struktur - Gliederung

3.2 Struktur - Gliederung
Beispiel einer empirischen Arbeit (Auszug)

3.2 Struktur - Gliederung
Gliederungstiefe

- In Bachelor- und Masterschriften sind drei bis fünf Hauptkapitel angemessen (ohne Einführungs- und Schlusskapitel). Bei Seminararbeiten hingegen sind höchstens drei Hauptkapitel zweckmäßig.
- Jedes Hauptkapitel - mit Ausnahme der Einleitung und des Schlusses/Fazits - sollte mindestens zwei Unterkapitel enthalten.
- Wird eine Gliederungsebene noch weiter untergliedert, muss die Untergliederung mindestens zwei Gliederungspunkte aufweisen (z. B. es darf kein 2.1.1 geben, wenn kein 2.1.2 folgt).
- Die Unterkapitel eines Hauptkapitels sollten in maximal drei Gliederungsebenen untergliedert werden (z. B. ist ein 3.1.1, jedoch nicht ein 3.1.1.1 zulässig).
- Ein Gliederungspunkt sollte mindestens eine halbe besser noch eine ganze Textseite umfassen (d.h. die Arbeit sollte nicht „über-"strukturiert werden).
- Die Gliederungstiefe muss ausgewogen sein, d.h. der inhaltlichen Bedeutung der Kapitel entsprechen. Daher ist es grundsätzlich unzweckmäßig, ein einzelnes Hauptkapitel tief zu untergliedern, während die übrigen Hauptkapitel nur flach untergegliedert werden.

3.2 Struktur - Gliederung
Gliederungsstruktur - Beispiele

Ausgewogene Gliederung

1. Überschrift
2. Überschrift
   - 2.1 Überschrift
   - 2.2 Überschrift
     - 2.2.1 Überschrift
     - 2.2.2 Überschrift
     - 2.2.3 Überschrift
   - 2.3 Überschrift
     - 2.3.1 Überschrift
     - 2.3.2 Überschrift
3. Überschrift
   - 3.1 Überschrift
     - 3.1.1 Überschrift
     - 3.1.2 Überschrift
   - 3.2 Überschrift
     - 3.2.1 Überschrift
     - 3.2.2 Überschrift
     - 3.2.3 Überschrift
   - 3.3 Überschrift
4. Überschrift

...

Unausgewogene Gliederung

1. Überschrift
2. Überschrift
   - 2.1 Überschrift ← Alleinstehende Gliederungspunkte
     - 2.1.1 Überschrift
3. Überschrift
4. Überschrift
   - 5.1 Überschrift
     - 5.1.1 Überschrift
       - 5.1.1.1 Überschrift
       - 5.1.1.2 Überschrift ← Unausgewogene Gliederungstiefe
       - 5.1.1.3 Überschrift
       - 5.1.1.4 Überschrift
   - 5.2 Überschrift
5. Überschrift
6. Überschrift

...

Quelle: in Anlehnung an Strohhecker, 2016

3.2 Struktur - Gliederung
Numerisches und alphanumerisches Gliederungsschema

Wichtigste Anforderung an das Gliederungsschema (Nummerierung) ist die Konsistenz der Anwendung.

Sinnvoll ist eine numerische Nummerierung (DIN 1421 mit Einrückungen):

1. Einleitung
2. Die Entwicklung der Aktienkurse
   - 2.1 Die Entwicklung von 1950 – 1959
     - 2.1.1 1950 – 1954
     - 2.2.2 1955 – 1959
   - 2.2 Die Entwicklung von 1960 – heute

Auch andere Schemata wie alphanumerische können verwendet werden:

A. Einleitung
B. Die Entwicklung der Aktienkurse
   1. Die Entwicklung von 1950 – 1959
      a) 1950 – 1954
      b) 1955 – 1959
   2. Die Entwicklung von 1960 – heute

3.2 Struktur - Gliederung
Beispiel

Inhaltsverzeichnis

3.2 Struktur - Gliederung
Inhaltsverzeichnis und Kapitelüberschriften

- Das Inhaltsverzeichnis spiegelt den logischen Aufbau der wissenschaftlichen Arbeit wieder und gibt dem Leser von Anfang an einen Gesamtüberblick über die Arbeit.
- Ein gutes Inhaltsverzeichnis listet nicht nur die verschiedenen Kapitel auf, es lässt auch einen roten Faden erkennen. Es sorgt dafür, dass sich der Leser von der ersten Seite an eine Übersicht verschaffen kann.
- Jede Überschrift sollte eine inhaltliche Aussage enthalten („Sprechende Überschriften"): nicht bloß: „Theorieteil" und „Praxisteil".
- Überschriften müssen mit wenigen Worten möglichst viel sagen, keinesfalls dürfen die Kapitelüberschriften nur aus ein oder zwei Worten bestehen, sinnvolle Formulierungen beinhalten:
  - Möglichkeiten der ...,
  - Analyse der...,
  - Grenzen der...,
  - Diskussion der ...,
  - Bewertung der ...,
  - Bedeutung der ...,
- Überschriften sollten keine Abkürzungen und keine übermäßig komplizierten Fachbegriffe beinhalten.
- Verzicht auf Frageform, Verzicht auf Exkurse.

Quelle: in Anlehnung an Preißner, 2018 und Brink, 2013

3.3 Struktur - Spezielle Strukturelemente

3.3 Struktur - Spezielle Strukturelemente
Sperrvermerk

- Sofern die erstellte wissenschaftliche Arbeit Daten enthält, die der Öffentlichkeit nicht zugänglich sein sollen, so ist ein Sperrvermerk als erstes Blatt noch vor dem Deckblatt einzubinden.
- Der Sperrvermerk verhindert die Veröffentlichung der Inhalte.
- Gerade Unternehmen überschätzen die Vertraulichkeit ihrer Unterlagen regelmäßig.
- Für Hausarbeiten oder Praxisberichte ist ein Sperrvermerk nicht vorgesehen.

Sperrvermerk
Diese Arbeit bleibt aufgrund vertraulicher Informationen und Daten für die nächsten zwei Jahre für die Öffentlichkeit gesperrt.

In aller Regel ist das allgemeine Interesse an den Daten in Studienarbeiten nur gering und ein Sperrvermerk ist nicht notwendig.

3.3 Struktur - Spezielle Strukturelemente Titelblatt - Beispiel HS Mainz

Im Titelblatt (Deckblatt) einer Studienarbeit werden

- das Wort „Bachelor-Arbeit“ oder „Master-Arbeit“, „Praxisbericht“ oder „Hausarbeit“,
- der Studiengang z. B. Betriebswirtschaftslehre,
- der Titel der Arbeit,
- Hochschule Mainz, University of Applied Sciences,
- der Fachbereich (Fachbereich Wirtschaft),
- vorgelegt von: Vorname, Name, Anschrift, Matr.-Nr. ,
- vorgelegt bei: Betreuer/-in (akademischer Grad), Vorname, Name,
- eingereicht am: Datum des Abgabetags
- Umfang: Anzahl der Worte des Haupttextes

aufgeführt.

WIRTSCHAFT
HOCHSCHULE MAINZ
UNIVERSITY OF APPLIED SCIENCES

Bachelor-Arbeit (Format Standard Titel fett 16 zentriert)

BA BWL VZ (Format Titel 14 zentriert)

Titel (Format Standard Titel fett 16 zentriert)

Hochschule Mainz
University of Applied Sciences
Fachbereich Wirtschaft (Format Titel 14 zentriert)

Vorgelegt von:	Max Mustermann
	Adresse
	Matrikel-Nr
Vorgelegt bei:	Prof. Dr. Susi Sonnenschein
Eingereicht am:	xx.yy.zzzz
	(Format Titel 12 zentriert)

3.3 Struktur - Spezielle Strukturelemente Titelblatt - Beispiel Frankfurt UAS

Das Titelblatt (Deckblatt) einer Studienarbeit enthält:

- Das Wort „Bachelor-Arbeit“, „Master-Arbeit“, „Praxisbericht“ oder „Hausarbeit“,
- Winter-/Sommersemester 20xx,
- am Fachbereich 3: Wirtschaft und Recht der Frankfurt University of Applied Sciences,
- im Studiengang z. B. Betriebswirtschaft (Bachelor of Arts),
- vorgelegt von: Vorname Name, Geburtstag- und -ort, Matr.-Nr. , Anschrift, E-Mail,
- Thema: Titel der Arbeit,
- Referentin: Titel, Vorname, Name,
- Korreferentin: Titel, Vorname, Name.
- Thema erhalten am: Datum,
- Arbeit abgegeben am: Datum.

BACHELORARBEIT
Wintersemester 20xx/xx

am Fachbereich 3: Wirtschaft und Recht
der Frankfurt University of Applied Sciences

im Studiengang

Betriebswirtschaftslehre (Bachelor of Arts)

vorgelegt von

Susanne Student
geb. am 07.06.1985 in Mainzelhausen
Matr-Nr. 999999

Heinzelstr. 12, 99999 Mainzelhausen
susanne.student@karl.de

Thema:

Marketingcontrolling

State of the Art und neue Entwicklungen

Referentin: Prof. Dr. Sabine Eins
Korreferent: Prof. Dr. Heinz Zwei

Thema erhalten: 09.09.20xx
Arbeit abgegeben am: 09.09.20xx

3.3 Struktur - Spezielle Strukturelemente Inhaltsverzeichnis

Der Grundaufbau:

- Verzeichnis spezieller Textelemente (Abbildungen, Tabellen, etc.),
- Gliederung des Fließtextes,
- Verweis auf ergänzende Arbeitselemente (Literaturverzeichnis etc.).

Seitenangabe:

- Die Paginierung beginnt implizit mit dem Titelblatt mit einer römischen I.
- Gedruckt wird die Paginierung erst ab dem Inhaltsverzeichnis (also meist mit einer V oder VII).

Vergleichende Werbung I

Inhaltsverzeichnis

3.3 Struktur - Spezielle Strukturelemente Abbildungsverzeichnis/Tabellverzeichnis

- Ein Abbildungsverzeichnis wird von vielen Betreuern gefordert.
- Darin stehen alle in der wissenschaftlichen Arbeit verwendeten Abbildungen mit den zugehörigen Nummern und Überschriften sowie den Seiten, auf der sie zu finden sind.
- In der Wirtschafswissenschaft wird nicht zwischen Abbildungen und Tabellen unterschieden. Beide werden als Abbildungen bezeichnet. Deshalb ist nur ein einziges Abbildungsverzeichnis zu erstellen.
- In Naturwissenschaften wird oftmals ein getrenntes Abbildungs- und Tabellenverzeichnis erstellt.

Vergleichende Werbung V

Abbildungsverzeichnis

3.3 Struktur - Spezielle Strukturelemente
Abkürzungsverzeichnis

- Das Abkürzungsverzeichnis enthält alle in der Arbeit verwendeten Abkürzungen.
- Das Abkürzungsverzeichnis folgt auf das Abbildungsverzeichnis.
- Zusätzlich zu dem Abkürzungsverzeichnis kann bei Bedarf auch ein Symbolverzeichnis angelegt werden.
- Dies ist bei Arbeiten mit vielen Formeln sinnvoll.

Vergleichende Werbung X

m.	mit
MA	Massachussetts
MANCOVA	Multiple Analysis of Covariance
MANOVA	Multiple Analysis of Variance
Marketing ZFP	Marketing Zeitschrift für Forschung und Praxis
Mio.	Millionen
Mrd.	Milliarden
MSS	Mittlere Streuung
MTMM-Matrix	Multi-Trait-Multi-Method-Matrix
n. F.	neue Fassung
NE	Nebraska
neg.	negativ
NJ	New Jersey
No.	Nummer
NR.	Nummer
NY	New York
o. a.	oben aufgeführt
o. ä.	oder ähnliche
o. g.	oben genannte
p. a.	per annum, pro Jahr
Pf.	Pfennig
PI	Purchase Intention, Kaufabsicht
pos.	positiv
RG	Reichsgericht
S.	Seite
sog.	sogenannte
S-O-R-Modell	Stimulus-Organismus-Response-Modell
Sp.	Spalte
SS	Streuung
u. a.	unter anderem
u. U.	unter Umständen
UK	United Kingdom of Great Britain
USA	United States of America
usw.	und so weiter
UWG	Gesetz gegen den unlauteren Wettbewerb
vgl.	Vergleiche
vs.	versus
W & V	Werben und Verkaufen
WIST	Wirtschaftswissenschaftliches Studium
WISU	Das Wirtschaftstudium
WWW	World Wide Web
z. B.	zum Beispiel
ZAW	Zentralverband der deutschen Werbewirtschaft

Wissenschaftliches Arbeiten

4. Kapitel
Literaturarbeit im Text

4.1 Literaturarbeit im Text - Vorbemerkungen

4.1 Literaturarbeit im Text - Vorbemerkungen
Warum überhaupt Literaturarbeit?

1. Nachweis der Herkunft bei übernommenen Aussagen

Informationen, die aus anderen Büchern, Internetseiten, Berichten übernommen werden, sind vollständig nachzuweisen, d.h. sie sind zu zitieren und die Quellenangabe (der Fundort) ist aufzuführen. Dies betrifft insbesondere Definitionen, Zahlenangaben oder grundlegende Aussagen, die ohne Quellennachweis nicht aufgeführt werden dürfen.

2. Unterstützung der eigenen Aussage

Aussagen, die Sie nicht selbst herausgefunden haben, sind durch Quellenangabe zu „untermauern". Selbst bei Aussagen, die Sie sich selbst überlegt haben, sind Quellenangaben zur Unterstützung Ihrer Position sehr sinnvoll.

Folgende Aussagen dürfen beispielsweise keinesfalls ohne Beleg – auch nicht in der Einleitung – getroffen werden:

- „Die Umsätze im Bereich Social Media sind in den letzten Jahr um stark gewachsen."
- „Die Konsumenten werden heute mit mehr Werbebotschaften konfrontiert als vor zwanzig Jahren."
- „Der Innovationswettbewerb hat in den letzten Jahren zugenommen."

4.1 Literaturarbeit im Text – Vorbemerkungen
Anforderungen an Literaturarbeit und formales Zitationssystem

Inhaltliche Vollständigkeit: Alle Aussagen, die man nicht selbst herausgefunden hat, müssen belegt werden. Alle verwendeten Quellen müssen angegeben werden.
Formale Vollständigkeit: Die Zitierweise muss dem Leser alle relevanten Daten geben, damit er die Quelle schnell und effizient finden kann.
Konsistenz: Das Zitationssystem muss durchgängig angewendet werden.

Es gibt viele **Zitationssysteme** (Zitationstechniken), die diese Anforderungen zu erfüllen. Man sollte sich für ein Zitationssystem entscheiden, und dieses konsistent verwenden.

- Sie nehmen den Leitfaden Ihres Fachbereiches oder Ihres Professors als Basis oder
- Sie übernehmen die Vorgehensweise eines Buchs zum wissenschaftlichen Arbeiten oder
- Sie verwenden den APA-Style; dies ist das Zitationssystem der American Psychological Association (APA), das sich als „Quasi"-Standard in der BWL durchgesetzt hat oder
- Sie übernehmen das Regelwerk einer Fachzeitschrift von deren Internetseite oder
- Sie nehmen ein gängiges, sehr umfangreiches Standardwerk wie Scholz „Personalmanagement", Horváth „Controlling" oder Homburg „Marketing" und folgen der dort verwendeten Vorgehensweise.

Manchmal hat man Fragen, die im Zitationssystem nicht geregelt sind. In diesem Falle definieren Sie selbst eine sinnvolle Regel und halten diese konsistent ein.

4.1 Literaturarbeit im Text – Vorbemerkungen
Überblick über formale Zitationssysteme

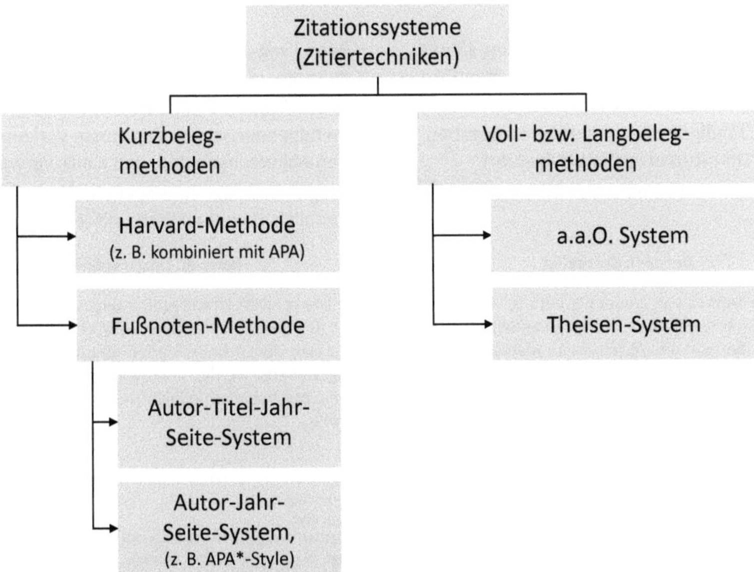

* APA = American Psychological Association

Quelle: in Anlehnung an Strohhecker, 2016

4.1 Literaturarbeit im Text - Vorbemerkungen Grundfragen (I): Harvard-Methode vs. Fußnotenmethode

Harvard-Methode: Die Quellenangaben erfolgen im Text in Klammern vor dem Satzzeichen. Bei der Harvard-Methode entspricht die Schriftgröße der des Textes. Von einer speziellen Formatierung z. B. in Großbuchstaben oder kursiv ist abzusehen.

Bei der Harvard-Methode wird immer mit **Kurzbelegen** gearbeitet: Die Quellen werden lediglich mit den Namen der Autoren, dem Veröffentlichungsjahr und der Seitenangabe eindeutig bezeichnet.

Der Markenwert ist von großer Bedeutung (vgl. Müller, 2019, S. 222).

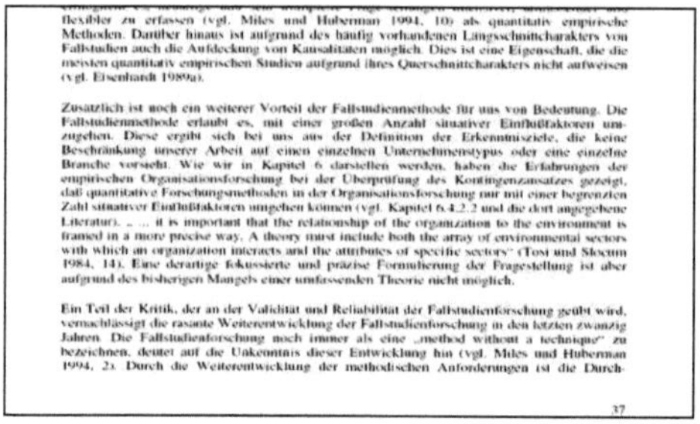
flexibler zu erfassen (vgl. Miles und Huberman 1994, 10) als quantitativ empirische Methoden. Darüber hinaus ist aufgrund des häufig vorhandenen Längsschnittcharakters von Fallstudien auch die Aufdeckung von Kausalitäten möglich. Dies ist eine Eigenschaft, die die meisten quantitativ empirischen Studien aufgrund ihres Querschnittcharakters nicht aufweisen (vgl. Eisenhardt 1989a).

Zusätzlich ist noch ein weiterer Vorteil der Fallstudienmethode für uns von Bedeutung. Die Fallstudienmethode erlaubt es, mit einer großen Anzahl situativer Einflußfaktoren umzugehen. Diese ergibt sich bei uns aus der Definition der Erkenntnisziele, die keine Beschränkung unserer Arbeit auf einen einzelnen Unternehmenstypus oder eine einzelne Branche vorsieht. Wie wir in Kapitel 6 darstellen werden, haben die Erfahrungen der empirischen Organisationsforschung bei der Überprüfung des Kontingenzansatzes gezeigt, daß quantitative Forschungsmethoden in der Organisationsforschung nur mit einer begrenzten Zahl situativer Einflußfaktoren umgehen können (vgl. Kapitel 6.4.2.2 und die dort angegebene Literatur). „... it is important that the relationship of the organization to the environment is framed in a more precise way. A theory must include both the array of environmental sectors with which an organization interacts and the attributes of specific sectors" (Tosi und Slocum 1984, 14). Eine derartige fokussierte und präzise Formulierung der Fragestellung ist aber aufgrund des bisherigen Mangels einer umfassenden Theorie nicht möglich.

Ein Teil der Kritik, der an der Validität und Reliabilität der Fallstudienforschung geübt wird, vernachlässigt die rasante Weiterentwicklung der Fallstudienforschung in den letzten zwanzig Jahren. Die Fallstudienforschung noch immer als eine „method without a technique" zu bezeichnen, deutet auf die Unkenntnis dieser Entwicklung hin (vgl. Miles und Huberman 1994, 2). Durch die Weiterentwicklung der methodischen Anforderungen ist die Durch-

37

Fußnoten-Methode: Der Quellennachweis erfolgt mit Fußnoten am Ende der Seite. Fußnoten werden im Text durch fortlaufende arabische Fußnotenziffer gekennzeichnet. Das Fußnotenzeichen im Text steht hinter dem Satzzeichen. Bei der Fußnotenmethode kann mit Kurzbelegen oder mit Lang-/Vollbelegen gearbeitet werden.

Beispiel: Der Markenwert ist von großer Bedeutung.[1]

---

[1] vgl. Müller, 2019, S. 222.

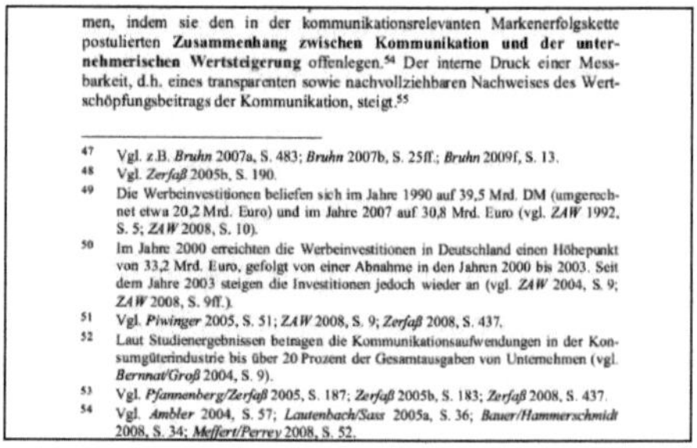
men, indem sie den in der kommunikationsrelevanten Markenerfolgskette postulierten **Zusammenhang zwischen Kommunikation und der unternehmerischen Wertsteigerung** offenlegen.[54] Der interne Druck einer Messbarkeit, d.h. eines transparenten sowie nachvollziehbaren Nachweises des Wertschöpfungsbeitrags der Kommunikation, steigt.[55]

---

47 Vgl. z.B. *Bruhn* 2007a, S. 483; *Bruhn* 2007b, S. 25ff.; *Bruhn* 2009f, S. 13.

48 Vgl. *Zerfaß* 2005b, S. 190.

49 Die Werbeinvestitionen beliefen sich im Jahre 1990 auf 39,5 Mrd. DM (umgerechnet etwa 20,2 Mrd. Euro) und im Jahre 2007 auf 30,8 Mrd. Euro (vgl. *ZAW* 1992, S. 5; *ZAW* 2008, S. 10).

50 Im Jahre 2000 erreichten die Werbeinvestitionen in Deutschland einen Höhepunkt von 33,2 Mrd. Euro, gefolgt von einer Abnahme in den Jahren 2000 bis 2003. Seit dem Jahre 2003 steigen die Investitionen jedoch wieder an (vgl. *ZAW* 2004, S. 9; *ZAW* 2008, S. 9ff.).

51 Vgl. *Piwinger* 2005, S. 51; *ZAW* 2008, S. 9; *Zerfaß* 2008, S. 437.

52 Laut Studienergebnissen betragen die Kommunikationsaufwendungen in der Konsumgüterindustrie bis über 20 Prozent der Gesamtausgaben von Unternehmen (vgl. *Bernnat/Groß* 2004, S. 9).

53 Vgl. *Pfannenberg/Zerfaß* 2005, S. 187; *Zerfaß* 2005b, S. 183; *Zerfaß* 2008, S. 437.

54 Vgl. *Ambler* 2004, S. 57; *Lautenbach/Sass* 2005a, S. 36; *Bauer/Hammerschmidt* 2008, S. 34; *Meffert/Perrey* 2008, S. 52.

4.1 Literaturarbeit im Text - Vorbemerkungen Grundfragen (II): Kurzbeleg oder Lang-/Vollbelegt

Kurzbeleg

- Der Kurzbeleg enthält den/die Namen, Jahreszahl und Seitenzahl zur eindeutigen Identifikation der Quelle.
- Die vollständigen bibliographischen Angaben sind im Literaturverzeichnis aufgeführt.
- Kurzbelege sind heute in der BWL der Standard.

Lang-/Vollbeleg

- Beim Lang- bzw. Vollbeleg enthält die erste Fußnote, in der eine Quelle vorkommt, die vollständigen bibliographischen Angaben.
- Im folgenden wird auf das erste Vorkommen mit den Abkürzungen ebd. und a.a.O. verweisen.
- Lang-/Vollbelege sind heute in der BWL eher unüblich, da unpraktisch und redundant.

Beispiel: Kurzbeleg

Der Markenwert ist von großer Bedeutung.[1] Daher wird er in der Marketingliteratur häufig behandelt.[2] Sattler zeigt eine Übersicht der Verfahren zur Markenbewertung.[3] Generell werden finanzwirtschaftlich-quantitative und in psychologisch-qualitative Verfahren unterschieden.[4]

---

1 vgl. Müller, 2019, S. 222.
2 vgl. Müller, 2019, S. 222.
3 Sattler, 2018, S. 19.
4 vgl. Homburg, 2019, S. 8; Müller, 2019, S. 226.

Beispiel: Lang-/Vollbeleg

Der Markenwert ist von großer Bedeutung.[1] Daher wird er in der Marketingliteratur häufig behandelt.[2] Sattler[3] zeigt eine Übersicht der Verfahren zur Markenbewertung. Generell werden finanzwirtschaftlich-quantitative und in psychologisch-qualitative Verfahren unterschieden.[4]

---

1 vgl. Müller, R. (2019). *Markenmanagement.* Stuttgart: Schäffer-Poeschel, S. 222.
2 vgl. ebd.
3 Sattler, H. (2018). *Markenidentität.* Frankfurt: Forum, S. 9.
4 vgl. Homburg, C. (2019). *Marketing.* Wiesbaden: Gabler, S. 8; Müller, a.a.O., S. 226.

4.1 Literaturarbeit im Text - Quellenbelege
Empfehlung für BWL-Arbeiten

Wir empfehlen für betriebswirtschaftliche Arbeiten den Kurzbeleg kombiniert mit der Fußnotenmethode. Auf Langbelege im Text oder in Fußnoten, Verwendung von Verweisen wie „ebd." oder „a.a.O." sollte verzichtet werden.

1. **Kurzbeleg kombiniert mit**
2. **Fußnoten**

In den nachfolgenden Kapitel verwenden wir dabei als Zitationssystem einen auf deutsche Erfordernisse angepassten APA-Style (APA = American Psychological Association). Die Anpassung sind:

1. Die Kombination des APA-Style mit der Fußnotenmethode; der „Original"-APA-Style sieht die Harvard-Methode vor.
2. In Deutschland ist die Angabe von Seitenzahlen im Kurzbeleg unbedingt erforderlich. Dies wird beim „Original"-APA-Style nicht gefordert.

Die in den nachfolgenden Kapiteln als Beispiel verwendeten Quellen sind in aller Regel fiktiv und dienen nur der Veranschaulichung.

4.2 Literaturarbeit im Text - Sinngemäße Zitate

4.2 Literaturarbeit im Text - Sinngemäße Zitate
Bedeutung

Sinngemäße Zitate sind die Übernahme von Aussagen anderer Autoren, wobei diese mit eigenen Worten wiedergegeben werden.

- Sinngemäße Zitate sind in Studienarbeiten der Normalfall.
- Der Verfasser der Studienschrift fasst in eigenen Worten die Aussage eines anderen zusammen und reflektiert diese dabei indirekt.
- Ziel: die eigene Argumentation zu unterstützen, zu verstärken und/oder mit zusätzlichen Aspekten anzureichern.
- Sinngemäße Zitate werden nicht in Anführungszeichen gesetzt.
- Hervorhebungen, vorhandene Schreibfehler und/oder eine ältere Rechtschreibung etc. werden aus dem Original nicht übernommen.
- Sinngemäße Zitate werden in vollem Umfang als solche gekennzeichnet.

Die Verwendung vieler sinngemäßer Zitate (aus unterschiedlichen Quellen) zeugt von einer fundierten Literaturarbeit.

4.2 Literaturarbeit im Text - Sinngemäße Zitate
Kennzeichnung des Kurzbeleges

- Bei der Fußnoten-Methode kommt nach dem Satzzeichen das Fußnotenzeichen. Die Fußnote enthält den Kurzbeleg beginnend mit einem **„vgl.“** und dann Autor/en, Jahr und Seitenangabe. Bezieht sich das Zitat auf zwei Seiten erfolgt die Angabe der ersten Seite gefolgt von f., bei drei oder mehr Seiten gefolgt durch ff.

Der Preis ist das Marketinginstrument, das den Managern das größte Kopfzerbrechen bereitet. [22]

[22] vgl. Robicheaux, 1975, S. 56

- Bei der Harvard-Methode kommt die Klammer mit Quellenbeleg vor dem abschließenden Satzzeichen. Der Kurzbeleg beginnt mit einem **„vgl.“** und enthält dann Autor/en, Jahr und Seitenangabe.

Der Preis ist das Marketinginstrument, das den Managern das größte Kopfzerbrechen bereitet (vgl. Robicheaux, 1975, S. 56).

4.2 Literaturarbeit im Text - Sinngemäße Zitate
Position des Fußnote bzw. Klammer zum Kurzbeleg

Übernahme von einzelnen Aussagen

- Bezieht sich die Quelle auf einen Satz, dann sitzt die Klammer am Ende des Satzes vor dem Punkt bzw. das Fußnotenzeichen am Ende des Satzes hinter dem Punkt.
- Bezieht sich der Quellenbeleg nur auf einzelne Wörter oder einen Nebensatz, dann steht die Klammer bzw. das Fußnotenzeichen unmittelbar nach dem letzten zugehörigen Wort bzw. vor dem Satzzeichen des Nebensatzes.

Übernahme von ganzen Absätzen – Abschnittsweises Zitieren

- Bezieht sich die Quelle auf einen ganzen Absatz, dann sitzt die Klammer oder das Fußnotenzeichen am Ende des Absatzes.

Übernahme eines gesamten Kapitels

- In der Regel werden nur einzelne Aussagen/Sätze zitiert. Dann erfolgen die Kurzbelege auch satzweise. Die Übernahme vollständiger Kapitel sollte vermieden werden.
- Wird aber dennoch ein ganzes Kapitel im wesentlichen aus einer Quelle entnommen, empfiehlt es sich, am Anfang des Kapitels explizit darauf hinzuweisen. Dann muss nicht nach jeder Aussage wieder die gleiche Quelle zitiert werden.

> Die Ausführungen des nachfolgenden Kapitels zum Konzept des Net Promotor Score wurden im Wesentlichen von Reichheld (2011, S. 26ff.) übernommen.

4.2 Literaturarbeit im Text - Sinngemäße Zitate
Abschnittsweise Zitieren - Beispiel

> Je höher die Information, wie temporäre Marktpreise, der Abnehmer über den Lieferantenmarkt ist, desto mehr wird er seine Verhandlungsstärke beim Lieferanten ausspielen.[24] Auch unterschiedliche Konjunkturverhältnisse zwischen Abnehmer und Lieferanten können die Abnehmermacht unter Umständen stärken.[25] Letztendlich ist die Preisempfindlichkeit des Kunden ausschlaggebend für die Machtauswirkung auf den Angebots- und Nachfragemarkt.[26]
>
> ---
>
> [24] Vgl. Porter, 2008, S. 61.
> [25] Vgl. Porter, 2008, S. 60.
> [26] Vgl. Porter, 2008, S. 61.

> Je höher die Information, wie temporäre Marktpreise, der Abnehmer über den Lieferantenmarkt ist, desto mehr wird er seine Verhandlungsstärke beim Lieferanten ausspielen. Auch unterschiedliche Konjunkturverhältnisse zwischen Abnehmer und Lieferanten können die Abnehmermacht unter Umständen stärken. Letztendlich ist die Preisempfindlichkeit des Kunden ausschlaggebend für die Machtauswirkung auf den Angebots- und Nachfragemarkt.[26]
>
> ---
>
> [26] Vgl. Porter, 2008, S. 60 f.

4.2 Literaturarbeit im Text – Sinngemäße Zitate Sekundärzitate – verdeckt und offen

- Ein Sekundärzitat ist ein Verweis auf eine Originalquelle (z. B. Krugman 1962), die Sie in einer anderen Quelle (z. B. Homburg 2018) gefunden haben, ohne die Originalquelle selbst zu besitzen.
- Wenn Sie auch die Originalquelle Krugman (1962) zitieren und nicht nur auf Homburg (2018) verweisen wollen, bei dem Sie die Quelle Krugman (1962) gefunden haben, dann müssen Sie sich die Quelle Krugman (1962) im Original besorgen. Wenn Sie dies nicht können, dürfen Sie nicht Krugman (1962) zitieren, sondern müssen sich ausschließlich auf Homburg (2018) beziehen.
- Verboten sind sog. verdeckte Sekundärzitate: hier zitieren Sie eine Quelle - z.B. zum Involvement nach Krugman (1962) - so, wie sie von einem anderen Autor (z. B. Homburg, 2018, S. 17) zitiert wurde, ohne dass Sie die Originalquelle von Krugman (1962) selbst gelesen haben. Dies ist nicht korrekt und letztlich ein Betrugsversuch.
- Hintergrund ist, dass es durch verdeckte Sekundärzitate sehr leicht zu Verzerrungen der ursprünglichen Aussagen der Originalquelle kommen kann (Stille-Post-Effekt).
- **Ausnahme**: Wenn die Originalquelle extrem wichtig ist, aber gleichzeitig im Original so selten, dass Sie an diese nicht herankommen. Beispiele wären z. B. Adam Smith: An Inquiry into the Nature and Causes of the Wealth of Nations, 1776 oder das AIDA Modell von Lewis 1898. Dann geben Sie das Sekundärzitat offen mit „zitiert nach" an.

Das AIDA Modell umfasst Attraction, Interest, Desire und Action.[22]

---

[22] vgl. Lewis, 1898 zitiert nach Homburg, 1998, S. 2.

4.2 Literaturarbeit im Text – Sinngemäße Zitate Besonderheiten bei Kurzbelegen im Text (I)

Mehrere Autoren

- Bei Quellen mit zwei Autoren werden beide Namen getrennt mit einem „ & " angegeben.

[7] vgl. Klose & Lösch, 1996, S. 17

- Bei drei bis fünf Autoren werden beim ersten Auftreten der Quelle alle Namen mit „ , " bzw. der letzte „ & " angegeben. Ab dem zweiten Auftreten erfolgt nur der Name des ersten Autors mit dem Zusatz „et al."

[7] vgl. Klose, Thorn & Lösch, 1998, S. 15
[8] vgl. Klose et al., 1998, S. 22

- Dies geschieht ab sechs Autoren bereits beim ersten Auftreten. Die Angaben der restlichen Autoren erfolgt im Literaturverzeichnis vollständig.

[7] vgl. Thorn et al., 2014, S. 15

Mehrere Quellen

- Trennung der verschiedenen Kurzbelege durch Semikola. Reihenfolge nach Bedeutung oder alphabetisch; bei mehreren Quellen eines Autors nach Erscheinungsjahr.
- Bei mehreren Veröffentlichungen eines Verfassers mit gleichem Erscheinungsjahr, erfolgt eine Unterscheidung mit a, b usw. direkt hinter der Jahreszahl.

[7] vgl. Simon, 1992c, S. 27; Simon & Tacke, 1987, S. 123; Klose, 1996a, S. 17; Klose, 1996c, S. 22

4.2 Literaturarbeit im Text – Sinngemäße Zitate Besonderheiten bei Kurzbelegen im Text (II)

Keine Autoren bekannt / Internetquellen

- Bei Tageszeitungen oder bei Internetquellen werden häufig keine Autoren genannt.
- Klassisch wurde die Abkürzung „o.V." anstelle eines Autorennamens verwendet.
- Es ist aber sinnvoller, den Namen der Zeitung/Zeitschrift oder die Hauptdomain der Internetquelle anstelle des Autors zu verwenden.

[7] vgl. o.V., 1996, S. 17

[78] vgl. FAZ, 1998a, S. 15
[79] vgl. Spiegel Online, 2018a
[80] vgl. Spiegel Online, 2018b

Internetquellen

- Internetquellen haben häufig weder Seitenzahl noch Publikationsdaten. Dann wird das Abrufjahr anstelle des Publikationsjahres verwendet.
- Im Kurzbeleg erfolgt auf keinen Fall die vollständige URL.
- Werden von einer Domain mehrere URL verwendet, sind diese getrennt im Literaturverzeichnis auszuweisen und wenn diese aus dem gleichen Jahr sind, sind diese mit a, b, c zu differenzieren, z.B. 2018a, 2018b, 2018c.

4.3 Literaturarbeit im Text - Wörtliche Zitate

4.3 Literaturarbeit im Text - Wörtliche Zitate
Definition und Bedeutung von wörtlichen Zitaten

Wörtliche Zitate sind zeichengenaue, wörtliche Übernahmen von Textelementen einer fremden Quelle.

- Sinngemäße Zitate sind wissenschaftlich „hochwertiger“ als wörtliche Zitate.
- Wörtliche Zitate bilden die Ausnahme. Sie sind gebräuchlich bei Definitionen, fremdsprachigen Zitaten, sofern eine sinngemäße Übersetzung zum Bedeutungsverlust führt, wenn eine inhaltliche Wiedergabe zur Sinnverdrehung führt.
- Eine Aneinanderreihung von vielen wörtlichen Zitaten wird als eine unreflektierte Argumentationsführung gewertet.
- Wörtliche Zitate sollten nicht länger als zwei bis vier Sätze sein.

> „Koordinationsprobleme treten auf, wenn die Entscheidungsfindung in der Organisation in dezentraler Weise erfolgt und die Entscheidungsträger interdependent sind.“[22]
>
> ---
> 22 Kirsch, 1971, S. 61.

4.3 Literaturarbeit im Text - Wörtliche Zitate
Gestaltung des Zitats und Kurzbelegs

- Wörtliche Zitate werden in Anführungszeichen gesetzt.
- Bei der **Fußnoten-Methode** erfolgt die Fußnote hinter dem Satzzeichen und dem Anführungszeichen. Der Quellenbeleg in der Fußnote enthält Autor/en, Jahr und Seitenangabe, aber kein „vgl.“.

> „Koordinationsprobleme treten auf, wenn die Entscheidungsfindung in der Organisation in dezentraler Weise erfolgt und die Entscheidungsträger interdependent sind.“[22]
>
> ---
> 22 Kirsch, 1971, S. 61.

- Bei der **Harvard-Methode** erfolgt nach dem zweiten Anführungszeichen und vor dem Satzzeichen in Klammern der Quellenbeleg mit Autor/en, Jahr und Seitenangabe. Auch hier gibt es kein „vgl.“.

> „Koordinationsprobleme treten auf, wenn die Entscheidungsfindung in der Organisation in dezentraler Weise erfolgt und die einzelnen Entscheidungsträger interdependent sind“ (Kirsch, 1971, S. 61).

4.3 Literaturarbeit im Text - Wörtliche Zitate
Besonderheiten in der Originalquelle (Layout / Fehler)

- Wenn im Original Textformatierungen (z. B. *Kursivschrift* oder **Fettdruck**) vorhanden sind, wird im Zitat in einer eingeklammerten Anmerkung (Hervorhebung/en im Original) direkt hinter der Formatierung oder am Ende des Kurzbeleges mit Semikolon abgetrennt (s.o.) darauf hingewiesen.

„Koordinationsprobleme treten auf, wenn die Entscheidungsfindung in der Organisation in *dezentraler Weise* erfolgt und die Entscheidungsträger **interdependent** sind."[22]

---

22 Kirsch, 1971, S. 61; Hervorhebungen im Original

- Orthografische oder grammatikalische Fehler werden übernommen!
- Sie werden mit dem Kürzel (sic!) direkt hinter dem Fehler gekennzeichnet.
- Ist das Zitat lediglich in alter Rechtschreibung, muss nicht darauf hingewiesen werden.

„Viele Konsumenten behaupten, daß die Marke bei inen (sic!) keine Rolle spiele."[22]

---

22 Kirsch, 1971, S. 63

4.3 Literaturarbeit im Text - Wörtliche Zitate
Auslassungen und Einfügungen

Auslassungen

- Auslassungen sind der Verzicht auf Teile des Originals. Auslassungen dürfen nicht den Sinn des Originals verfälschen.
- Die Auslassung eines oder mehrerer Worte wird dies durch drei aufeinander folgende Punkte kenntlich gemacht.

„Die einzelnen Entscheidungen dürfen folglich nicht isoliert beurteilt werden; vielmehr ist die Wirkung einer Entscheidung auf andere ... Entscheidungen zu berücksichtigen." [21]

---

21 Adam, 1969, S. 620.

Einfügungen

- Einfügungen sind Kommentierungen des Autors, die die Verständlichkeit erhöhen.
- Einfügungen werden in eckige Klammern gesetzt. Zusätzlich erfolgt ein Hinweis auf die Einfügung am Ende der Klammer.

„Eine neuere Untersuchung [zum Einfluss der Marktposition, Anm.] gab es zu diesem Zeitpunkt noch nicht."[22]

---

22 Wiltinger, 2002, S. 163

4.3 Literaturarbeit im Text - Wörtliche Zitate
Zitat im Zitat

Bei einem wörtlichen Zitat, welches bereits ein Zitat im Original enthält, wird dieses mit einfachen Anführungszeichen (‚ ‘) gekennzeichnet:

Primärquelle:

Die Überwindung der „Markteintrittsbarrieren verursacht häufig hohe Investitionen“ für Forschung und Entwicklung und für Produktionsanlagen.

Wörtliches Zitat mit Zitat im Zitat:

„Die Überwindung der ‚Markteintrittsbarrieren verursacht häufig hohe Investitionen‘ für Forschung und Entwicklung und für Produktionsanlagen.“[22]

[22] Bea/Haas, 2009, S. 107.

5. Kapitel
Literaturverzeichnis

5.1 Literaturverzeichnis - Grundlagen

5.1 Literaturverzeichnis - Grundlagen
Grundlegende Regeln

Das Literaturverzeichnis dient dazu, dass der Leser sich möglichst schnell und mühelos die angegebenen Quellen besorgen kann. Daher sind alle Angaben notwendig, die dies ermöglichen bzw. vereinfachen.

- Im Literaturverzeichnis werden alle zitierten Quellen angegeben. Quellen, die nicht im Text zitiert werden, erscheinen nicht.
- Im Literaturverzeichnis sind Vollbelege mit vollständigen bibliografischen Angaben zu verwenden.
- Unternehmensinterne Berichte oder Gespräche gehören nicht ins Literaturverzeichnis sondern in den Anhang.
- Die Quellen werden im Literaturverzeichnis grundsätzlich nicht nach Zeitschriften, Büchern, Sammelbänden etc. getrennt aufgeführt, aber es **ist sinnvoll allgemeine Internetquellen von wissenschaftlichen Quellen (meist Print) zu trennen.**
- Quellen, die sowohl als Print als auch als Internetquelle vorhanden sind, werden primär als Printquelle geführt, gleiches gilt für E-Books.

5.1 Literaturverzeichnis - Grundlagen
Regeln zur Reihenfolge der Literaturquellen

- Das Literaturverzeichnis wird alphabetisch und chronologisch nach Nachnamen des Autors/der Autoren geordnet.
- Akademische Grade wie „Dr., Prof. Dr. oder Dipl.-Ing." werden nicht angegeben.
- Vorsatzwörter (z. B. Adelstitel) werden nicht in der Ordnung berücksichtigt („Bülow, Andreas von").
- Zusammengesetzte Namen folgen einfachen: „Müller, K." vor „Müller-Hagedorn, W.".
- Bei gleichen Nachnamen wird nach Vornamen geordnet: „Müller, H." vor „Müller, K.".
- Feststehende Abkürzungen werden wie Worte behandelt: „FAZ" steht vor „Fink, H.".
- Bei Institutionen werden Präpositionen, Konjunktionen und Artikel weggelassen: „Deutscher Bundestag" und nicht „Der deutsche Bundestag".
- Bei mehreren Werken eines Autors wird chronologisch nach dem Erscheinungsjahr geordnet. Die Jahreszahlen werden in der Reihenfolge des Erscheinens mit einer alphabetischen Zählung (2019a, 2019b etc.) ergänzt.
- Werke, die ein Autor alleine erstellt hat, werden vor Werke des gleichen Autors mit Koautoren gestellt: „Simon, H. (2015)" vor „Simon, H. & Tacke, G. (2015)".
- Werke eines Autors mit unterschiedlichen Koautoren werden nach dem Nachnamen des zweiten Autors bzw. dann nach des dritten usw. geordnet: „Simon, H. & Tacke, G. (2015)" vor „Simon, H. & Tacke, K. (2015)" vor „Simon, H., Senft, H. & Tacke, G. (2015)".

5.2 Literaturverzeichnis - Quellenarten

5.2 Literaturverzeichnis - Quellenarten
Monografien (I)

Nachname Autor 1, Vorname(n) & Nachname Autor n, Vorname(n) Autor n abgekürzt (Erscheinungsjahr). *Titel/Untertitel der Arbeit* (x. Auflage). Erscheinungsort: Verlag.

- Vornamen werden eher abgekürzt. Eine Mischen aus abgekürzten und vollständigen Vornamen ist nicht zulässig.
- Titel und Untertitel werden *kursiv* gestellt. Untertitel werden mit Gedankenstrichen und/oder Kommata abgetrennt.
- Zweite oder höhere Auflagen kommen in Klammern hinter den Titel.
- Bei mehr als einem Verlagsort erfolgt die Nennung des ersten Ortes und „u.a.".
- Bei unbekanntem Erscheinungsort ist „o.O." („ohne Ortsangabe") zu verwenden.
- Bei Verlagen wird die Gesellschaftsform (GmbH, AG, OHG) eher weggelassen
- Bei Umfirmierungen von Verlagen wird der jeweils gültige Verlagsname genannt: „Gabler", „SpringerGabler", „SpringerNature".

Lindblom, C.E. (1997). *The Intelligence of Democracy*. New York (NY USA) u.a.: Lang.
Simon, H. (1995a). *Preismanagement kompakt* (2. Auflage). Wiesbaden: Gabler.
Simon, H. (1995b). *Kundenzufriedenheit*. Stuttgart: Schäffer-Poeschel.

5.2 Literaturverzeichnis - Quellenarten
Monografien (II)

- Es werden alle (auch bei mehr als drei) Autoren mit Nachname sowie dem ersten Buchstabe des Vornamens genannt (kein et al. im Literaturverzeichnis!).
- Die Namen mehrerer Autoren werden (durchgängig!) durch ein Kommata getrennt, der letzte mit einem &-Zeichen abgetrennt.
- Die Reihenfolge der Autoren wird aus der Quelle übernommen.
- Vereine, Institutionen oder Unternehmen werden ohne Präpositionen aufgenommen.
- Gibt es keinen Autor und keine Institution, rückt der Titel nach vorne, der Kurzbeleg erfolgt entsprechend.

Simon, H. (1995). *Preismanagement kompakt: Probleme und Methoden des modernen Pricing.* Wiesbaden: Gabler.
Simon, H. & Kucher, E. (1992). *Pharma-Marketing* (3. Aufl.). Frankfurt: Forum.
Simon, H., Tacke, G. & Wiltinger, K. (1990). *Marketing-Revolution in kleinen Häppchen.* Heidelberg: Springer.
Wege zur Weisheit (2019). Frankfurt: Buddha Verlag.
Weltbank (2019). *Berichte.* New York (NY USA): Weltbank Verlag.

5.2 Literaturverzeichnis - Quellenarten
Wissenschaftliche Zeitschriftenartikel

Autoren (Erscheinungsjahr). Titel des Beitrags. *Titel der Zeitschrift*, Jahrgang (Heftnummer), Seitenzahl(en).

- Wissenschaftliche Zeitschriftenartikel sind Beiträge eines oder mehrerer Autoren in Fachzeitschriften oder Zeitungen (z. B. Zeitschrift für Betriebswirtschaft).
- Der Titel der Zeitschrift (nicht des Beitrages) wird kursiv gestellt.
- Tageszeitungen oder Publikumszeitschriften wie „Der Spiegel“ sollten nur in Ausnahmefällen zitiert werden.
- Bei Zeitschriften muss die Nummerierung des Jahresganges (Jahrgangsnummer, Bandnummer oder Volume) und des Heftes angegeben werden. Die Jahrgangsnummer kann, wenn sie nicht in der Zeitschrift selbst angegeben wird, in Bibliothekskatalogen herausgefunden werden.

Wiltinger, A. (2018). Werbewirkungsforschung. *Journal of Marketing Science,* 8 (52), S. 83-103.

Wiltinger, K. & Kretschmar M. (2014). Bewertung von Anleihen. *WISU*, 12 (Juni), S. 31-52.

5.2 Literaturverzeichnis - Quellenarten
Beiträge in Sammelbänden/Sammelwerken

Autoren (Erscheinungsjahr). Titel des Beitrags. In A. Herausgeber/in & B. Herausgeber/in (Hrsg.), *Titel des Hauptwerks* (S. xx-xx). Erscheinungsort: Verlag.

- Sammelbände werden von einem oder mehreren Herausgebern veröffentlicht, die für die Zusammenstellung der Beiträge und das redaktionelle Layout des Bandes verantwortlich sind.
- Häufig als Dokumentation von Tagungen, Kongressen oder als Handwörterbücher.
- Die Beiträge der einzelnen Autoren sind erkennbar.
- Sammelbände werden in das Literaturverzeichnis zusätzlich mit aufgenommen, wenn der Sammelband als ganzes oder aber die Einleitung bzw. andere allgemeine Texte als Quelle verarbeitet wurden.

Wiltinger, K. & Welte, H. (2013). Influencer Marketing. In H. Simon, B. Tacke & K. Wiltinger (Hrsg.), *Handbuch Social Media* (S. 803-818). Weinheim: Beltz.

5.2 Literaturverzeichnis - Quellenarten
Berichte (z. B. Geschäftsberichte)

- Berichte, wie zum Beispiel Geschäftsberichte oder Informationsschriften, werden möglichst vollständig zitiert, so dass Sie vom Leser leicht identifiziert und gefunden werden können.
- Berichte haben häufig keinen dedizierten Autor.
- Berichte haben häufig keinen Verlag, aber einen Erscheinungsort.
- Heute werden Berichte meist gedruckt, sind dann aber gleichzeitig auch im Internet abrufbar. Daher sollte die URL, unter der der Bericht abrufbar ist, mit Abrufdatum angegeben werden.

BASF (2012). *Geschäftsbericht 2012.* Ludwigshafen: BASF. Zugriff am 27.07.2013 unter http://www.basf.com/group/corporate/de/function/conversions:/publishdownload/content/about-basf/facts-reports/reports/2012/BASF_Bericht_2012.pdf).

Deutsche Bundesbank (2006). *Statistische Sonderveröffentlichung Nr. 1 - Bankenstatistik-Richtlinien und Kundensystematik.* Frankfurt: Deutsche Bundesbank.

Klose, H. (1989). *Controlling im Einzelhandel – eine empirische Studie, Forschungsbericht, Lehrstuhl für Controlling.* Kaiserslautern: Technische Universität.

5.2 Literaturverzeichnis - Quellenarten
Zeitungsartikel oder Artikel in Publikumszeitschriften

1. Alternative:

- Die Zitierweise erfolgt analog zur Zitierweise von wissenschaftlichen Artikeln in Fachzeitschriften aber mit Autor oder o.V.
- Hier kommt es häufig dazu, dass kein Verfasser bekannt ist und deshalb als Autor o.V. (ohne Verfasser) angegeben wird.

o. V. (2013). Börsengang von Kion abgesagt. *FAZ*, 98 (28.02.2013), S. 45.

Mayer, A. & Müller, B. (2018). Dr. Z. hebt ab. *Manager Magazin*, 26 (Juni), S. 10–12.

2. Alternative

- Anstelle des Autors wird die Zeitung/Publikumszeitschrift als Verfasser angegeben.
- Anstelle der Jahreszahl wird bei Zeitungen das Erscheinungsdatum, bei Publikumszeitschriften das Erscheinungsdatum, die Heftnummer bzw. der Monat angegeben – je nachdem was bei der jeweiligen Zeitschrift üblich ist.

Spiegel (2014). Kohl wieder Kanzler. *Der Spiegel,* 58 (Heft 13), S. 25–35.

Manager Magazin (2018). Dr. Z. hebt ab. *Manager Magazin*, 26 (Juni), S. 10–12.

5.2 Literaturverzeichnis - Quellenarten
Print-Quellen, die elektronisch abrufbar sind

- Werden Print-Quellen, Monographien, wiss. Zeitschriftenartikel etc. über das Internet abgerufen, werden die bibliographischen Daten der Printversion zitiert.
- Diese werden um eine DOI oder die URL mit Zugriffsdatum ergänzt. Eine DOI (Digital Object Identifyer) verweist eindeutig und dauerhaft auf digitale Objekte (Bücher, Zeitschriften), damit man auf diese jederzeit zugreifen kann.
- Ähnlich ist dies bei wissenschaftlichen Zeitschriften, die nur noch elektronisch publiziert werden.
- Nicht sinnvoll ist es, auf interne Links von kostenpflichtigen elektronischen Ressourcen, zu verweisen, auf die nur Nutzer einer Hochschule zugreifen können.
- Ebenso ist es nicht sinnvoll, auf Berichte oder Präsentationen aus dem Intranet eines Unternehmens zu verweisen. Diese gehören vollständig oder auszugsweise in den Anhang.

Homburg, C. (2020). Marketing. Wiesbaden: SpringerGabler. doi: 10.1007/978-3-658-29636-0.

Destatis (2017). *Bevölkerungsentwicklung 1995 - 2020*. Wiesbaden. Zugriff am 23.12.2018 unter http://www.destatis.de/bevoelkerung.html.

5.2 Literaturverzeichnis - Quellenarten
Reine Internetquellen

Institutionen, meist die Hauptdomain (Erscheinungsdatum - falls bekannt, ansonsten Zugriffsjahr). *Vollständiger Titel*. Zugriff am TT.MM.JJJ unter URL der Quelle.

- Reine Internetquellen werden mit herausgebender Institution (meist mit der Hauptdomain) angegeben.
- Reine Internetquellen sollten getrennt von wissenschaftlichen Quellen aufgelistet werden.
- Häufig haben Internetquellen auch keinen richtigen Titel, dann nimmt man eine Hauptüberschrift oder beschreibt die Seite.

Scribbr (2014). *Literaturverzeichnis laut APA-Richtlinien*. Zugriff am 10.04.2019 unter https://www.scribbr.de/apa-standard/literaturverzeichnis-laut-apa-standard/.

Spiegel Online (2013). *Partnerschaft mit Beijing Automotive: Daimlers gefährliche Allianz mit China*. Zugriff am 19.11.2013 unter http://www.spiegel.de/wirtschaft/unternehmen/daimler-startet-partnerschaft-mit-baic-a-934273.html.

5.2 Literaturverzeichnis - Quellenarten Experteninterviews/-gespräche

- Jedes Expertengespräch wird durch ein Protokoll belegt, das im gedruckten oder elektronischen Anhang der Arbeit beigefügt wird. Ob ein Verlaufs- oder ein Ergebnisprotokoll anzufertigen ist, ist mit dem/der Betreuer/-in abzuklären; der Betreuer kann auch auf die Protokollierung ganz verzichten.
- Zu Beginn dieses Protokolls sind vor dem Wortlaut (Verlaufsprotokoll) bzw. den wesentlichen Ergebnissen (Ergebnisprotokoll) die folgenden Informationen zu nennen. (1) Titel Vorname Name des/der Gesprächspartner, (2) Position des/der Gesprächspartner, (3) Name des Unternehmens/Institution, (4) Anschrift, Telefonnummer und/oder E-Mail-Adresse, (5) Datum und Dauer des Experteninterviews.
- Es ist sinnvoll, eine Übersicht über alle Expertengespräche mit den Eckdaten der Gesprächspartner zu erstellen und den Protokollen im Anhang voranzustellen.
- Expertengespräche können dann wie folgt im Text zitiert werden: vgl. Gespräch mit Herrn/Frau Vorname Nachname vom TT.MM.JJJJ, Anhang 3, S. 11.

vgl. Gespräch Frau T. Müller vom 01.03.2017, Anhang 4, S. 45.

6. Layout

6.1 Layout - Grundlagen

6.1 Layout - Grundlagen
Grundsätze zum Layout

- Die äußere Form von Hausarbeiten, Bachelorarbeiten und Masterarbeiten ist zwar etwas weniger bedeutsam als deren Inhalt, hat aber dennoch einen nicht unerheblichen Einfluss auf die Note.
- Die Anforderungen für das Layout einer wissenschaftlichen Haus-, Bachelor- oder Masterarbeit sind von den Betreuern oder der jeweiligen Hochschule vorgegeben.
- Allerdings gibt es bestimmte Richtlinien, die für fast jeden Studiengang gleich sind.
- Neben den formalen Angaben zu Schriftgröße und Schriftsatz sollte ein klares, sachliches, einheitliches und professionelle Layout vorgezogen werden.
- Um das Layout konsistent zu halten, sollten Formatvorlagen verwendet werden.
  - Es ist wichtig, dass Verzeichnis- und Kapitelüberschriften passend zum Layout-Stil gewählt und konsistent sind.
  - Ebenso sollten die Zeilenabstände zwischen den Verzeichnissen sich nicht verändern und konsistent bleiben.
- Hausarbeiten werden (anders als Abschlussarbeiten) grundsätzlich ungebunden abgegeben.

6.1 Layout - Grundlagen
Seitenformat

Papierformat:
- DIN A4 und „Ausrichtung“: Hochformat

Seitenränder:
- Oben: 3 cm
- Unten: 3 cm
- Frankfurt UAS
  - Links: 4 cm
  - Rechts: 2 cm
- HS Mainz
  - Links: 4 cm
  - Rechts: 3 cm

Kopf- und Fußzeilen:
- Erleichtert die inhaltliche Orientierung
- Kopfzeilen mit Überschriften der ersten Gliederungsebene rechts (bei beidseitig wechselnd) und Seitenzahl mittig
- Abstand vom Seitenrand ca. 2 cm
- geringfügig kleinere Schrift 11 pt
- Unterlinie auswählen

6.1 Layout - Grundlagen
Fließtext

Schriftart:
- Calibri (oder andere Schrift mit Serifen)

Schriftgröße:
- 12pt

Ausrichtung:
- Blocksatz

Zeilenabstand:
- 1,5 Zeilen
- oder besser bei MS Word „mindestens 12 pt“

Abstand vor Absatz:
- 3 pt

Abstand nach Absatz:
- 0 oder 3 pt

Silbentrennung:
- anschalten

Hervorhebungen:
- Keine !!!, d. h. keine *Kursiv*- oder **Fettschrift** o.ä. im Text verwenden.

Unbedingt mit dem Betreuer absprechen!

6.1 Layout - Grundlagen
Kapitelüberschriften

Schriftgröße

1. Gliederungsebene:	- Calibri, fett, 18 pt - Hängender Einzug: ca. 0,75 cm - Abstand vor: 21 pt - „Seitenwechsel oberhalb“ einschalten
2. Gliederungsebene:	- Calibri, fett, 16 pt - Hängender Einzug: ca. 1,25 cm - Abstand vor: 30 pt
3. Gliederungsebene:	- Calibri, fett, 14 pt - Hängender Einzug: 1,25 cm - Abstand vor: 24 pt
4. Gliederungsebene:	- Calibri, 12 pt - Hängender Einzug: 2,0 cm - Abstand vor: 24 pt

3 Digitale Me...

3.1 Entwicklung ...

3.1.1 Ausgangslage ...

3.1.1.1 Ursprüngliche ...

Verwendung von Formatvorlagen in MS Word ist angeraten.

6.2 Layout - Abbildungen und Tabellen

6.2 Layout - Abbildungen und Tabellen
Bedeutung und Einbindung in den Text

- Abbildungen/Tabellen sind ein zentrales Element von Studienarbeiten. Sie dienen der Verdeutlichung von relevanten Sachverhalten.
- Abbildungen/Tabellen müssen einen direkten Bezug zum Text haben und müssen im Text mit Verweis auf die Abbildung (vgl. Abb. 25) erläutert werden.
- Damit wird sichergestellt, dass Text und Abbildungen miteinander in Bezug stehen, und deutlich, welche Aussage visualisiert werden soll.

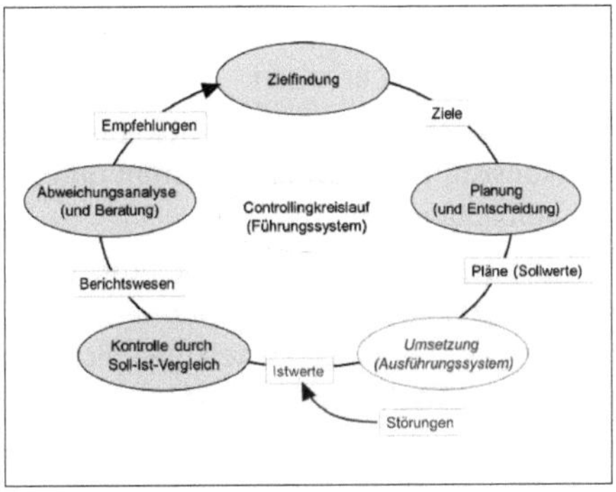

Abbildung 25: Der Controllingkreislauf
(Quelle: Wiltinger, Heupel & Deimel, 2019, S. 45)

- Viele wirtschaftswissenschaftliche Arbeiten unterscheiden nicht zwischen Abbildungen und Tabellen, sondern bezeichnen beides als Abbildungen. In den Naturwissenschaften werden Abbildungen und Tabellen getrennt bezeichnet und nummeriert.
- Abbildungen, die aus der Literatur übernommen werden, müssen als Zitate kenntlich gemacht werden, sie müssen also eine Quellenangabe enthalten.

6.2 Layout - Abbildungen und Tabellen
Gestaltung und Platzierung im Fließtext

- **Abbildungen und Tabellen werden immer neu erstellt. Ein „Drag-and-Drop" aus dem Internet oder das Scannen einer Abbildung sind nicht akzeptabel.**
- Einzige Ausnahme ist, wenn ein spezieller Grund für die Übernahme vorliegt, z. B. bei Screenshots, Fotografien oder Werbeanzeigen.
- Die Schriftgröße in Abbildungen sollte im sinnvollen Verhältnis zur Schriftgröße im Fließtext stehen. Die Schriftart kann auch eine andere als im Fließtext sein, wenn dies die Lesbarkeit erhöht. Diese muss dann aber konsistent beibehalten werden.
- Farbige Abbildungen sind nur notwendig, wenn diese einen Informationsgewinn erbringen; Graustufen können hingegen verwendet werden. Es sollten möglichst keine dekorative Elemente, wie Schatten, 3D, Smileys, Menschen, Clip-Arts etc. verwendet werden.
- Die Abbildung/Tabelle sollte, wenn auch nicht punktgenau, dort platziert werden, wo sie im Fließtext behandelt wird. Je nach Größe der Abbildung/Tabelle kann der Fließtext auch umlaufend sein. Dies ist aber in Studienarbeiten ungewöhnlich.
- Abbildungen/Tabellen sollten im Idealfall nicht unmittelbar am Kapitelanfang oder -ende stehen.

6.2 Layout - Abbildungen und Tabellen
Abbildungsnummerierung und -beschriftung

- Jede Abbildung sollte eine aussagekräftige Beschriftung erhalten.
- Die Beschriftung erfolgt entweder konsistent über oder konsistent unter der Abbildung.
- Die Beschriftung beinhaltet „Abb.", eine fortlaufende Abbildungsnummer und mit „:" getrennt einen kurzen inhaltlich prägnanten Titel der Abbildung.

Controlling	Betriebliches Rechnungswesen
Steuerung von Erfolgspotenzialen / Erfolg	Ermittlung des Betriebserfolgs
zukunftsbezogen	(überwiegend) vergangenheitsorientiert
Informationen werden in Auswertungsrechnungen analysiert, selektiert und verdichtet	Informationen werden durch Grundrechnungen ermittelt und bereitgestellt
Erstellung und Weiterleitung von Berichten mit Zusammenfassungen, Forecasts, Erläuterungen und Handlungsempfehlungen	Erstellung einer Vielzahl von tabellarischen Aufstellungen und Berichten sowie der periodischen Abschlüsse

Abb. 4: Abgrenzung des Controllings zum betrieblichen Rechnungswesen (Quelle: in Anlehnung an Ziegenbein, 2012, S. 234f.)

- Abbildungen, die aus der Literatur übernommen werden, müssen als Zitate mit einem Kurzbeleg kenntlich gemacht werden und in das Literaturverzeichnis aufgenommen werden. Bereits bestehende Abbildungen anderer Autoren können auch abgeändert werden, dies entspricht dann einem sinngemäßen Zitat und wird durch „In Anlehnung an" oder „verändert nach" kenntlich gemacht.
- Bei einer selbst entworfenen Abbildung wird keine Quelle angegeben (Nicht: „Quelle: Eigene Darstellung" o.ä.).

6.3 Layout - Weitere Elemente

6.3 Layout - Weitere Elemente
Formeln

- Formeln müssen anhand ihres mathematischen Grundprinzips erläutert werden.
- Symbole sind bei ihrer erstmaligen Verwendung eindeutig zu definieren. Hierbei ist darauf zu achten, dass eine einheitliche und eine im Schrifttum gebräuchliche Formelnotation verwendet wird.
- Um Querverweise zwischen den Formeln zu ermöglichen, sind diese mit arabischen Ziffern zu nummerieren.

> Wir unterstellen eine lineare Preisabsatzfunktion mit dem Absatz q,
>
> $$q = 1 - \beta t_p = 1 - \beta(p - r) \,. \tag{6.2}$$
>
> Um die unterschiedlichen Interessen, die bei den Entscheidungsinstanzen in entkoppelten Pricing-Prozessen auftreten, im Modell abzubilden, unterstellen wir für das Controlling und den Vertrieb unterschiedliche Nutzenfunktionen. Die Nutzenfunktion des Controlling n_A ist ausschließlich gewinnorientiert,
>
> $$n_A = q\,(t_p - c) = (1 - \beta(p - r))(p - r - c)\,, \tag{6.3}$$
>
> die des Vertriebs n_B enthält zusätzlich einen Umsatzanteil. Die Stärke der Umsatzorientierung

6.3 Layout - Weitere Elemente
Anhang

- In den Anhang gehören Informationen, die für das Verständnis des Textes im Hauptteil nicht unbedingt notwendig sind, aber die der Leser doch wahrscheinlich einmal nachschlagen möchte:
  - Bei empirischen Studien Fragebogenmuster, aber nicht alle ausgefüllten Fragebögen,
  - nicht der gesamten Datensatz einer empirischen Untersuchung,
  - aber relevante Sekundärstatistiken.
  - Bei Fallstudien/Expertengespräche können Gesprächsprotokolle oder unternehmensinterne Präsentationen sinnvoll sein.
- Im Text des Hauptteils muss auf alle Anhänge Bezug genommen werden (bspw. „siehe hierzu Abb. 2 im Anhang 3“ oder „siehe Anhang 2, S. 12“).
- Der Inhalt des Anhangs ist mit dem/den Betreuer/n abzustimmen.
- Der Anhang sollte in einen gedruckten und einen elektronischen Anhang unterteilt werden.
- Anhänge werden mit einem eigenen Anhangsverzeichnis versehen, das nach dem Literaturverzeichnis und vor dem ersten Anhang eingeordnet wird.
- Das Anhangsverzeichnis beschreibt die Anhänge und nennt die Dateistruktur und die Dateinamen für den elektronischen Anhang.

7. Kapitel: Präsentationen

7.1 Präsentationen - Grundlagen

7.1 Präsentationen - Grundlagen
Grundregeln

Die Regeln für schriftliches Arbeiten gelten grundsätzlich auch für Präsentationen.

- Inhalt:
  - Formulierungsgrundsätze,
  - Stil und Orthografie,
  - Literaturarbeit,
  - Zitationswürdigkeit von Quellen.
- Struktur:
  - Grobstruktur,
  - Gliederung.
- Quellen:
  - Wörtliche und sinngemäße Zitate,
  - Literaturverzeichnis.

→

Aber, im Vergleich zur Studienarbeit:
- Seltener ausformulierte Sätze, stattdessen Bulletpoints
- weniger Text, mehr Abbildungen,
- geringere Gliederungstiefe,
- beschränkterer Literatureinsatz.

7.1 Präsentationen - Grundlagen
Fragen zur Vorbereitung

- Was möchte ich mit meiner Präsentation erreichen?
  - Informieren?
  - Schulen?
  - Entscheidungen vorantreiben?
  - Kenntnisse vermitteln?
  - Einen guten Eindruck hinterlassen?
  - Überblick verschaffen?
  - Beraten?
  - Motivieren?
  - Meine Pflicht tun?
- Wer sind meine Zuhörer?
  - Kommilitonen und Dozenten?
  - Führungskräfte?
  - Mitarbeiter aus Unternehmen?
  - Endkonsumenten?
- Was sind die Rahmenbedingungen?
  - Zeitpunkt und Dauer
  - Sitzordnung
  - Raum und Medientechnik
  - Tafeln, Flipcharts und Metaplanwände

Quelle: in Anlehnung an Stickel-Wolf & Wolf, 2019

7.1 Präsentationen - Grundlagen
Elemente von Präsentation

Element	Not-wendig?	Bemerkung
Titelblatt	immer	individuelles Titelblatt mit Titel, Datum, Anlass, Name etc.
Einstiegsgag, Teaser	optional	nicht bei „ernstem“ Publikum
Vorstellung der Person	immer	aber häufig ohne Folie, sondern wird frei erzählt; kann bei Unternehmensmitarbeitern im Rahmen der Firmenvorstellung erfolgen
Gliederung	immer	als „Überblick“, „Agenda“ bezeichnen
Executive Summary	optional	bei Studierenden eher unnötig
Einleitung (Zielsetzung, Problemstellung)	optional	Worum geht es in dem Vortrag? Kann aber auch ohne eigene Folie während die Gliederung angezeigt wird, frei erläutert werden.
Hauptteil	immer	Firmenvorstellung ist Teil des Hauptteils
Fazit	Immer	Zusammenfassung, Dank für Aufmerksamkeit und Aufforderung, Fragen zu stellen.
Quellenverzeichnis	immer	
Disclaimer	optional	bei Studenten eher „seltsam“, kann auch am Anfang stehen

7.1 Präsentationen – Grundlagen
Typische Fehler

- **Keine klare Gliederung:** Wie in der schriftlichen Ausfertigung sollte auch hier die Grundstruktur einer wissenschaftlichen Arbeit, wenn auch in einem kleineren Umfang und auf das Wesentliche reduziert, beibehalten werden.
- **Fehlende Inhalte:** Kein Fazit, keine kritische Reflexion, keine Vorbereitung auf unklare Sachverhalte oder Rückfragen.
- **Langweilige Inhalte oder Gestaltung:** Eine Präsentation sollte aktivierend, mit unterschiedlichen (auch multimedialen Elementen) angereichert sein.
- **(Zu) lange Überschriften:** Die Headlines fassen die Kernaussage der gezeigten Seite kurz zusammen. Untertitel erklären den Inhalt.
- **Zu viele Bulletpoints:** Nur die wichtigsten Inhalte sollten auf die Folien geschrieben werden. Manchmal reicht sogar ein Wort oder ein Bild auf einer Folie, um einen Sachverhalt einprägsam darzustellen – der Rest folgt dann über den Vortrag.
- **Kein sachliches oder zeitgemäßes Layout:** Auch wenn es auf den Inhalt ankommt, gilt auch hier, die Gestaltung der Präsentation sollte sprachlich und visuell stimmig, sachlich und wissenschaftlich sein.
- **Unruhe:** Mit Animationen, Farben, Hervorhebungen, Tönen sollte sparsam umgegangen werden -> Hier gilt: „weniger ist mehr“. Colorblocking: Nur wenige Farben verwenden.
- **Fehlende Literaturarbeit und fehlende Quellenbelege:** Grafiken und grundlegende Aussagen sind durch Verwendung von Quellen zu belegen.

7.2 Präsentationen – Layout

7.2 Präsentationen - Layout
Grundprinzipien

- Verwenden Sie ein konsistentes Layout (Folienmaster in MSPowerPoint!). Verwenden Sie keine grellen Farben und achten Sie auf ein einheitliches Farbschema.

- Orientieren Sie sich an professionellen Präsentationen: z. B. Selbstdarstellungen von Werbeagenturen, Präsentationen der „großen" Unternehmensberatungen, IR-Präsentationen von DAX 30-Unternehmen.
- Jede Folie sollte folgende Elemente enthalten:
  - Einordnung in die Gliederung, - Folientitel,
  - Namen des/der Referenten, - Datum und Version,
  - Seitenzahl, - Dateiname zum Wiederfinden.
- Optional sind folgende regelmäßige Elemente möglich:
  - Schlussfolgerung - Action Title
- In Rhetorikseminaren wird häufig die Regel „Nicht mehr als sieben Zeilen!" aufgestellt. In der Praxis wird diese Regel nicht verfolgt.

- Achten Sie auf Lesbarkeit, ebenso wie Rechtschreibung und Zeichensetzung!!!

7.2 Präsentationen - Layout
Grundprinzipien

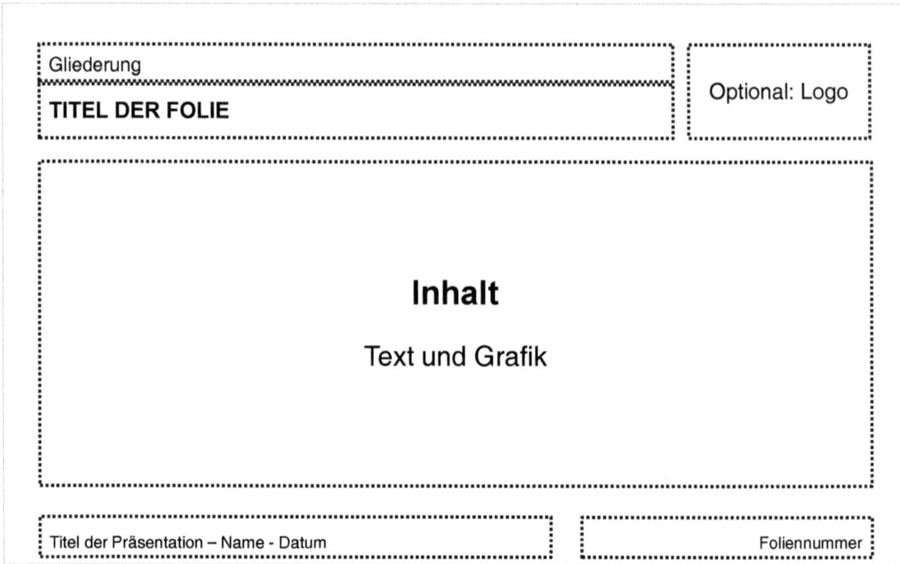

7.2 Präsentationen - Layout
Beispiel – Investorenkonferenz Allianz

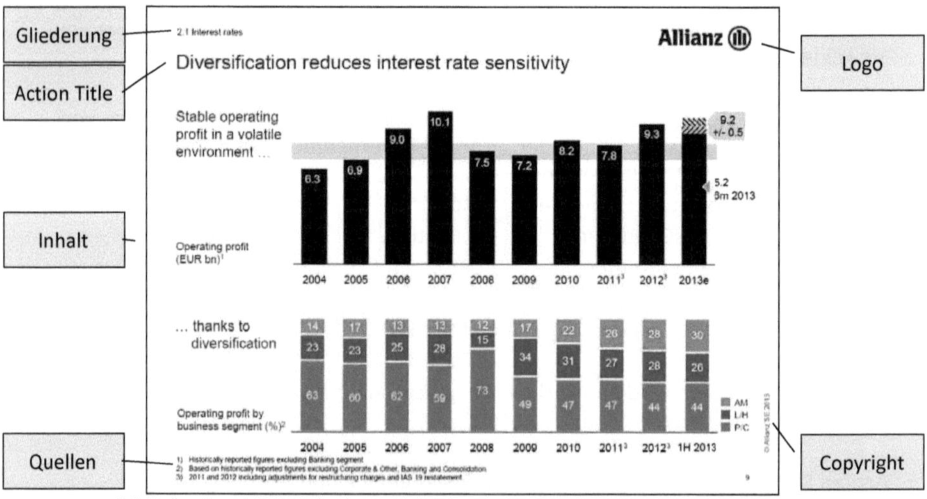

Quelle: https://www.allianz.com/v_1380198872000/media/investor_relations/de/konferenzen/investorenkonferenzen/dokumente/130926_BAML_Diekmann.pdf vom 01.10.2013

- In internationalen Präsentationen hat der Action Titel die Überschrift abgelöst.
- Ein Action Titel fasst die Aussage der Folie in einem (vollständigen) Satz zusammen.

7.2 Präsentationen - Layout
Beispiel: Passende Farbwahl

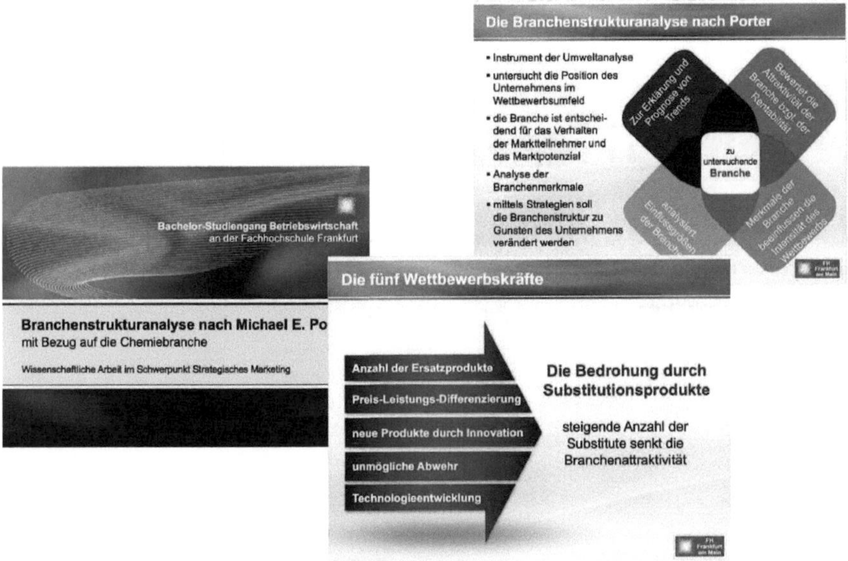

7.2 Präsentationen - Layout
Beispiel: Passende Grafikelemente

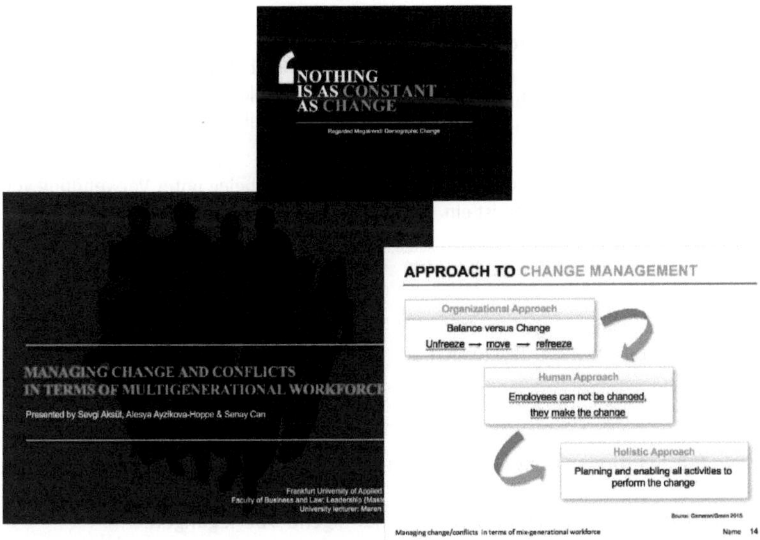

Beispiel: Passende Kurzinformation

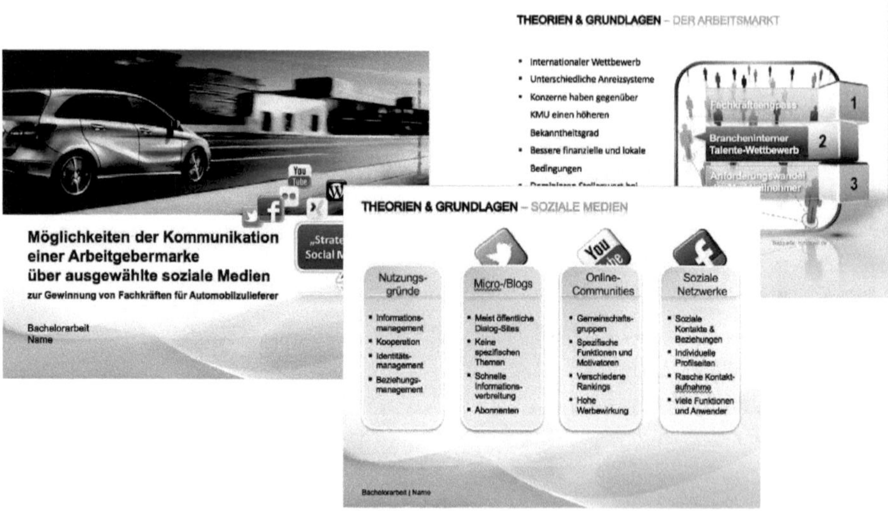

Quellen

- In einer ordentlichen Präsentation sind Abbildungen immer selbst erstellt – Kein Drag-and-Drop (Ausnahme z. B. „Screen-Shots").
- Die unveränderte Übernahme einer Abbildung aus einem anderen Buch oder Präsentation ist ein **wörtliches Zitat.**
- Die veränderte Übernahme einer Abbildung oder die Übernahme von einzelnen Textelementen ist ein **sinngemäßes Zitat.**
- Die Angabe der Seitenzahlen ist nicht immer notwendig.
- Es muss immer ein vollständiges Literaturverzeichnis am Schluss der Präsentation (Überschrift „Quellen") geben.

➔ Kurzbeleg unter der entnommen Abbildung oder am Ende der Seite. „Quelle: Wiltinger, 1998, S. 12"

➔ Kurzbeleg unter Verwendung von „vgl.", „in Anlehnung an", „verändert nach".

→ Quellen sind in Präsentationen unbedingt auf den jeweiligen Folien anzugeben.

→ Keine Folie ohne Quellen, es sei denn, sie enthält nur eigene Überlegungen

7.3 Präsentationen – Vortrag

7.3 Präsentationen - Vortrag
Grundsätze

Sehr wichtig ist der richtige Einstieg. Dieser erfüllt folgenden Zweck:

– Kontakt herstellen, - Interesse wecken, - Orientierung geben.

Sprechen Sie einfach!

– Geläufige Wörter, - kurze Sätze, - einfachen Satzbau,

– aktive Sätze, - anschauliche Sprache.

Strukturieren Sie den Inhalt auch sprachlich!

– Logische Folge, - roter Faden,

– vom Einfachen zum Komplexen,

– vom Interessanten/Wichtigem zum Uninteressanten/Unwichtigem.

Reden Sie anregend!

– Wechsel zwischen Frage und Antwort,

– Verwendung von Pro und Contra.

Binden Sie die Zuhörer ein! Medienwechsel, wenn möglich!

Achten Sie auf die Zeit, unbedingt vorher den Vortrag öfter halten.

Quelle: In Anlehnung an Stickel-Wolf, Wolf, 2019

8. Schlussredaktion der Arbeit

8. Schlussredaktion der Arbeit
Checkliste (I)

Vollständigkeit/Formaler Aufbau

- ❑ Sind alle erforderlichen Bestandteile der Abschlussarbeit vorhanden?
- ❑ Ist das Layout einwandfrei?
- ❑ Ist die Typographie (Textgestaltung) einwandfrei?
- ❑ Sind Gliederung und Verzeichnisse der Inhalte fehlerlos und aktualisiert?
- ❑ Wird deutlich, was zur Einleitung, zum Hauptteil und zum Schluss gehört?

Gliederung

- ❑ Ist die Gliederung in Breite und Tiefe ausgewogen?
- ❑ Wird anhand der Gliederung die Grobstruktur der Arbeit deutlich?
- ❑ Wurde die Gliederung aktualisiert und auf den letzten Stand gebracht?
- ❑ Wird auf die Frageform in der Gliederung verzichtet?
- ❑ Sind die Kapitelüberschriften aussagekräftig und bestehen aus mehr als 1 Wort?

Inhalte: Einleitung

- ❑ Wird in Problemstellung, Zielsetzung und Gang der Arbeit unterschieden?
- ❑ Wird die Problemstellung am Anfang mit Literaturverweisen vorgestellt?
- ❑ Wird die Zielsetzung der Arbeit klar in ein bis zwei Sätzen definiert?
- ❑ Wird das Thema insgesamt ausreichend abgegrenzt und begründet?

Quelle: in Anlehnung an Balzert, Schröder & Schäfer, 2017

8. Schlussredaktion der Arbeit
Checkliste (II)

Inhalte: Hauptteil

- ❑ Ist anhand der Kapitelüberschriften die Logik der Argumentation erkennbar?
- ❑ Wird das Thema ausreichend vorgestellt und die wichtigsten Begriffe definiert?
- ❑ Sind bestehende fundamentale Theorien und Modelle des Themengebiets aufgegriffen?
- ❑ Wird die Methodik der Untersuchung beschrieben?
- ❑ Sind die Inhalte der Arbeit korrekt und vollständig belegt und überprüfbar?
- ❑ Sind klare und akzeptable Kriterien für die Ergebnisbewertung angewandt?
- ❑ Sind die Ergebnisse objektiv und sachlich dargestellt?
- ❑ Verfügen die Kapitel über Einleitung, Schlussfolgerungen und Überleitungen?
- ❑ Erfolgt eine kritische Reflexion des Themas und (möglicherweise) die Ableitung von Handlungsempfehlungen?

Inhalte: Schluss

- ❑ Sind die wichtigsten Ergebnisse am Ende zusammengefasst?
- ❑ Wird die Ausgangsfrage am Ende beantwortet?
- ❑ Wird der eigene wissenschaftliche Beitrag am Ende noch einmal deutlich?
- ❑ Gibt es einen Ausblick auf weiterhin offene Themen?

Quelle: in Anlehnung an Balzert et al., 2017

8. Schlussredaktion der Arbeit
Checkliste (III)

Verständlichkeit

- ❑ Sind die Inhalte logisch stringent und nachvollziehbar?
- ❑ Sind alle wichtigen Begriffe richtig und ausreichend definiert?
- ❑ Sind unbekannte Abkürzungen im Abkürzungsverzeichnis erläutert?
- ❑ Spezialisierungs-Grad: Wird das Wissen der Leser berücksichtigt?
- ❑ Sind die Inhalte relevant und wurden die Inhalte auf das Wesentliche reduziert?
- ❑ Wurden Redundanzen und Weitschweifigkeit vermieden?
- ❑ Gibt es missverständliche bzw. uneindeutige Formulierungen?
- ❑ Sind kompliziertere Inhalte visualisiert durch Schaubilder, Ablaufpläne, Tabellen, Grafiken?
- ❑ Wird auf die Schaubilder auch im Text ausreichend bezug genommen?

Sprachstil

- ❑ Bleibt der Sprachstil sachlich, nüchtern, objektiv und unparteiisch?
- ❑ Wird auf subjektive Bewertungen und Ich-Form verzichtet?
- ❑ Wird Fachsprache verwendet und Fachterminologie richtig eingesetzt?
- ❑ Sind die Inhalte klar und präzise dargestellt?
- ❑ Sind Bandwurmsätze und Schachtelsätze aufgelöst?
- ❑ Welche Füllwörter und Adjektive kann man noch streichen?
- ❑ Welche Modewörter und Anglizismen kann man ersetzten?

Quelle: in Anlehnung an Balzert et al., 2017

8. Schlussredaktion der Arbeit
Checkliste (IV)

Literaturarbeit

- ❑ Sind alle Quellenangaben eindeutig und formal korrekt belegt?
- ❑ Ist die Arbeit weder überzitiert noch unterzitiert?
- ❑ Habe ich ein angemessenes Verhältnis von direkten Zitaten zu indirekten Zitaten (10:90)?
- ❑ Habe ich alle wichtigen relevanten Literaturquellen in meine Arbeit einfließen lassen?
- ❑ Habe ich auch kritische Betrachtungen des Themas mit einfließen lassen?
- ❑ Habe ich auch wichtige internationale Literaturquellen verwendet?
- ❑ Habe ich ein formal korrektes und vollständiges Literaturverzeichnis erstellt?

Sonstige Formalien

- ❑ Rechtschreibung
- ❑ Grammatik
- ❑ Interpunktion
- ❑ Formatierungen
- ❑ Druckqualität
- ❑ Digitale Version der Arbeit (CD oder USB-Stick – ist mit dem Betreuer/Prüfungsamt zu klären)
- ❑ Formal korrekte Eidesstattliche Erklärung vorhanden und unterschrieben?

Quelle: in Anlehnung an Balzert et al., 2017

9. Quellen

9. Literatur und verwendete Quellen

- Balzert, H., Schröder, M. & Schäfer, C. (2017). *Wissenschaftliches Arbeiten: Ethik, Inhalt & Form wiss. Arbeiten, Handwerkszeug, Quellen, Projektmanagement, Präsentation* (2. Aufl.). Berlin u.a.: Springer.
- Bohl, T. (2018). *Wissenschaftliches Arbeiten im Studium der Erziehungs- und Bildungswissenschaften: Arbeitsprozesse, Referate, Hausarbeiten, mündliche Prüfungen und mehr* (4. Aufl.). Weinheim: Beltz.
- Brink, A. (2013). *Anfertigung wissenschaftlicher Arbeiten: Ein prozessorientierter Leitfaden zur Erstellung von Bachelor-, Master- und Diplomarbeiten* (5. Aufl.). Wiesbaden: Gabler.
- Lehmann, G. (2017). *Wissenschaftliche Arbeiten: Zielwirksam verfassen und präsentieren* (6. Aufl.). Renningen: Eipos - expert Verlag.
- Preißner, A. (2012). Wissenschaftliches Arbeiten: *Internet nutzen - Text erstellen - Überblick behalten* (3. Aufl.). München: Oldenbourg.
- Stickel, W. C. & Wolf, J. (2019). *Wissenschaftliches Arbeiten und Lerntechniken: Erfolgreich studieren - gewusst wie!* (8. Aufl.). Wiesbaden: Gabler.
- Strohhecker, J. (2016). *Wissenschaftliches Arbeiten.* Frankfurt: Frankfurt School.
- Theisen, R. M. (2017). *Wissenschaftliches Arbeiten: Erfolgreich bei Bachelor- und Masterarbeit* (17. Aufl.). München: Vahlen.
- Wiltinger, A. & Wiltinger K. (2014). *Wissenschaftliches Arbeiten* (2. Aufl.). Göttingen: Cuvillier.